孫正義 300年王国への野望 上

杉本貴司

日経ビジネス人文庫

はじめに

孫正義という人物について書かれた書籍はこれまでにも数多く存在する。その多くが在日韓国人の集落での貧しい生活から飛び出した立志伝に焦点を当てたものか、あるいは、この類まれな経営者から何かを学ぼうという趣旨の自己啓発を目的としたものだと思う。それはそれで、読み応えのある作品も多い。

それらを踏まえてあえて本書を書こうと考えた際に私が立ち戻ったのは、極めてシンプルな問いだ。

いったい、孫正義とは何者なのだろうか——。

革命児、破壊者、カリスマ、異端の経営者、大ぼら吹き、成り上がり者、あるいは在日韓国人という出自に根ざしたある種のルサンチマンの体現者。私が思うに、そのどれもが正解だ。

この男は奥が深い。とても、深い。だから、面白い。

それだけでなく、孫に導かれるように集まった名も知れぬ強者《つわもの》たちとのストーリーがまた、面白い。これまでに光を当てられ続けてきた孫の物語は、彼らの存在抜きには語れない。孫正義を経営者として語る場合、そんな「脇役」たちの活躍なくして、この男の物語の真実は見えてこない。もちろん、その物語の絶対的な主人公は孫正義という、ちょっと他に類を見ない人物なのだが、この男もたった一人の力で「天才経営者」であり得るわけではないということだ。

「孫正義という物語」は、孫を主人公としつつ、彼を支える数々の強者たちが織りなす群像劇なのだと、私は思う。本書の目的の第一は、そういった群像劇としてもう一度、孫正義の物語を描き直すことにある。

従って、特に創業期などはこれまでにも語られることがあったシーンが度々登場するが、それが1人の「天才」のストーリーでは語り切れないところを描いたつもりだ。そういう視点で取材し直すと、いくつもの新発見があった。そして何より伝えたいのは、そこにあったのが、ビジネスというリングの上で繰り広げられる魂のぶつかり合いだったということだ。

もうひとつ、日本経済新聞の記者として伝えたいのが、経営者としての孫正義の実像である。孫が何を考え、どんな価値観や判断基準に基づいて行動してきたのか。

孫正義は変わり身が速く、やることや言うことがコロコロと変わるという人もいる。確かにそう見えるが、経営者としての孫正義の行動をじっくりと研究すると、実はそうではないということが分かってくる。そこには事業家として時を超えて一貫した孫の哲学が存在する。本書のもうひとつの狙いは、これまであまり触れられてこなかった経営者・孫正義の本質を解き明かすことにある。

ソフトバンクを密着取材していると、孫正義という人は本当に色々な表情を持つ人物だ、と思うことがある。喜怒哀楽をあまり隠すことなく周囲にぶつけるからだろう。例えば、本書では数々の言葉を引用しているが、その語り口はシーンによってかなり異なる。本書ではそういった孫正義の語り口を聞いたままに再現した。この男が持つ言葉の力をストレートに伝えるためだ。

孫正義とは果たしてどんな経営者なのか。そして今、何を目指そうとしているのか。孫とその同志たちの波瀾万丈の物語を描きたい。

＊　＊　＊

この本は2017年6月に単行本として刊行されました。文庫版の刊行にあたり、その後の動向に関して大幅に加筆しました。なお、文中では敬称を省略しています。

2024年8月

杉本貴司

目次

孫正義　300年王国への野望（上）

孫正義　300年王国への野望　（下）

※ 敬称略。カッコ内は前職。社名は当時。

海外

ニケシュ・アローラ
(グーグル)
後継者候補だったが
2016年に電撃退任

ロナルド・フィッシャー
(フェニックス・テクノロジーズCEO)
１９９５年から米国事業を
支えてきた功労者

ロボット

冨沢文秀
(NTT)
孫の「しごき」に耐えた
新ビジネスの担い手

エネルギー

馬場 一
(—)
ブロードバンドの「パラソル部隊」
を指揮

藤井宏明
(ＪＲ東日本)
メガソーラー建設を主導

三輪茂基
(三井物産)
アジア・スーパーグリッド構想の
実現に奔走

技術陣

宮川潤一
(名古屋めたりっく通信社長)
仏教学科卒の異色のＣＴＯ。
米スプリント再建を託される

筒井多圭志《たかし》
(帝京大講師など)
孫が「天才」と認める
通称マッド・サイエンティスト

孫正義を支える面々

孫正義

ご意見番

柳井 正
ファーストリテイリング会長兼社長
2001年社外取締役に

永守重信
ニデック(日本電産)創業者
2014年社外取締役に

笠井和彦
安田信託銀行会長
孫の名参謀。2013年に急逝

宮内 謙
(日本能率協会)
30年以上、孫を支える大番頭

宮内が指揮する営業のエース

榛葉《しんば》 淳
(―)
生え抜きの営業のエース

今井康之
(鹿島)
法人営業のエース

財　務

後藤芳光《よしみつ》
(安田信託銀行)
「攻めの財務」を標榜する金庫番

藤原和彦
(マツダ)
「差の分析」を得意とする
財務のプロ

君和田和子
(デロイト・ハスキンズ・アンド・セルズ)
経理のプロ。国際会計基準を導入

管理部門など

青野史寛
(リクルート)
管理部門の一切を統括する側近

仁木勝雅
(国際デジタル通信)
M&Aチームのトップ

鎌谷《かまや》賢之《たかゆき》
(三洋電機)
入社3カ月で30年ビジョンの策定
を託される

孫正義の創業期を支えた10人の恩人（敬称略）

氏　名	当時の肩書	ソフトバンクとの関係
佐々木 正	シャープ専務	孫正義が学生時代に開発した電子翻訳機と契約。孫が事業家人生を歩む礎を築く。銀行に孫の保証人を名乗り出たことも。
浄弘《じょうぐ》博光	上新電機社長	実績のない孫との大型取引を決断。孫が闘病生活中には「病人をいじめるな」と取引条件を緩和するよう部下に指示したことも。
藤原睦朗	上新電機J&P営業本部長	無名の孫を見出し大型取引の橋渡し役に。
工藤裕司	ハドソン社長	展示会で出会った孫と弟・浩をつなぐ。
工藤 浩	ハドソン専務	社長の兄・裕司に無断で孫にソフトを独占供給する。孫の兄貴分。
御器谷《ごきたに》正之	第一勧業銀行麹町支店長	実績のない孫に対し、1億円を無担保・プライムレートで融資するため奔走する。
田辺 聰	東京旭屋書店常務	出版のイロハを教え業界の要人を紹介
清水洋三	内外データサービス営業部長	孫が勝負を賭けた大阪エレクトロニクスショーで最初の出展者に。孫が立ち上げた業界団体も支える。
川島正英	朝日新聞論説委員	政財界の大物を孫と引き合わせる。清水の大学時代の友人。
大内淳義	NEC副社長	大赤字の雑誌の広告費を半分負担するなど出版部門立ち上げを側面支援する。

序章

恩人

2014年4月28日、東京・元赤坂の老舗洋食レストラン「東洋軒」に、ソフトバンクグループの最高幹部たちが集結した。

黒塗りのセンチュリーから現れた孫正義は、ダークグレーのスーツ姿。胸につけた明るいピンクのネクタイが、ほんの2〜3週間前まで咲き誇っていたこのあたりの桜の花を思わせる。

ちょうどこの頃、孫は長年の悲願だった米国進出を巡ってのっぴきならない局面を迎えていたが、この日はそんな心労の影はみじんも見えず、晴れやかな表情を浮かべていた。

孫の脇には、30年来の相棒で孫が絶対の信頼を寄せる大番頭の宮内謙が控える。孫が惚れ込んで野村証券からスカウトした北尾吉孝の顔も見える。

他の面々も孫を支える忠臣中の忠臣たちだ。もっとも、孫は彼らのことをストリートファイター、あるいはもっとシンプルに同志と呼んでいる。

「攻めの財務」こと後藤芳光。孫が「2手先を読ませれば右に出る者はいない」と評する戦略家の藤原和彦。孫の懐刀とも呼ばれる仏教学科卒の異色のCTO（最高技術責任者）、宮川潤一。

大番頭の宮内が束ねる営業部隊の隊長格である榛葉淳と久木田修一。榛葉は創業間もないソフトバンクに249番目の社員として入った生え抜きの叩き上げ。久木田は宮内が実力を見込んで光通信からヘッドハントした切れ者だ。孫がリクルートから引き抜いた青野史寛は、ソフトバンクの管理業務の一切を取り仕切る影の実力者だ。香港出身で英国籍を持つエリック・ガンの姿もあった。

一堂に顔をそろえた最高幹部たちが出迎えたのは、1人の老人だった。

佐々木正。99歳の誕生日を2週間後に控えていた。やはりスーツに身を包み、短く刈り込んだ白髪を丁寧に七三にしつらえている。高齢のため杖を片手にやや腰をかがめるものの、その立ち居振る舞いには武家の子として育てられた大正生まれの男の気品を漂わせていた。

数えで百寿となる佐々木を祝うために集まった孫以下のソフトバンク幹部。ワイングラスを並べた祝賀会は終始、なごやかな雰囲気の中で進んだ。

そこにいる誰もがこの老人への敬意を隠そうとしない。佐々木の前に座る孫も、この老人にだけは他の誰にも見せたことがないような畏敬に満ちた眼差しを送る。カリスマ経営者として見せるいつものハンターのような鋭い三角形の目は、そこにはない。

孫が挨拶に立った。

「もしバークレーの一学生の僕が、佐々木先生に巡り会っていなかったら……。ここにいるソフトバンクの幹部は誰もいません。本当に感無量です。人の巡り合わせ……。もし佐々木先生に巡り会っていなかったならば、本当に世界は全く違っていました」

孫はおもむろに色紙を取り出して筆を走らせた。そして、自ら書き込んだごく短い佐々木へのメッセージを読み上げた時、感情が堰《せき》を切ったようにあふれ、目から光るものが流れた。

「佐々木先生、すべては先生との出会いから始まりました。ありがとうございます」

孫が佐々木への感謝の思いを凝縮した言葉だった。

そんな孫に佐々木は語りかけた。

「会えるのはこれが最後かもしれないな。いいか。これからも覚悟を決めてやるんだぞ」

孫は言葉をつなげない。ただただ、熱いものがこみ上げてくる。

もし40年近く前のあの暑い夏の日に、この大恩人と出会っていなかったなら、希代の事業家・孫正義がたどった足跡はかなり違ったものになっていただろう。佐々木との出会い。それは数奇な運命をたどり日本に情報革命をもたらした孫が、小さな第一歩を踏み出した瞬間だった。

1978年8月。孫は21歳になったばかりで、佐々木は63歳。若き日の孫は大きな失意と少しの希望を胸に、佐々木がいる奈良県天理市のシャープの中央研究所に向かっていた。隣には前日に孫から電話を受けて急遽博多から駆けつけた父・三憲。孫は風呂敷に包んだ「発明品」を宝物のように腕に抱えていた。

これから会う佐々木正は、日本を電子立国に押し上げた立役者の1人と言っていい人物だ。米国の取引先から名付けられた愛称は「ロケット・ササキ」。近しい関係者は彼を「ドクター」とだけ呼んだ。もっとも、この時の孫はそんなことは知らなかった。

当時の佐々木の肩書きはシャープの技術陣を率いる専務だった。シャープ中興の祖である佐伯旭から三顧の礼をもって迎え入れられた佐々木は、カシオ計算機などとの20年にも及ぶ「電卓戦争」を勝利に導いた人物で、いち早く半導体の集積回路、つまりLSIの可能性を見抜いたことでも知られる。

今では誰もが使う電卓も、当初は車より高価なハイテク機器だった。そこに佐々木が最先端の半導体と液晶を持ち込んだことで、エレクトロニクス業界全体を巻き込んだ技術革新と猛烈なコストダウンの波を作り出した。

ポケットにまで収まるようになった電卓は、計算機としてのコンピューターの凄まじい進化をもたらした。佐々木は一部の金持ちや研究機関のものだったコンピューターを家庭に広めた影の功労者と言っても過言ではない。

最後はシャープの副社長として身を引くが、信条とする「共創」の哲学のもと、肩書きや年齢に関わらず志ある者には分け隔てなく門戸を開き、産業界だけでなく政界や学会にも幅広い人脈を持っていた。

やや余談になるが、その佐々木の薫陶を受けて後に大成した若者が孫の他にもいる。米アップルの共同創業者、スティーブ・ジョブズだ。後年、孫とは盟友となるがこの時は互いにまだまだ無名の存在だった。

ジョブズはアップルを追放されて途方に暮れていた時期に、東京・市ヶ谷にあったシャープ東京支社に、佐々木を訪ねた。ボサボサの長髪でTシャツにジーンズ。足元はサンダルだ。しかもアポなし。晩年までそうだったように、ジョブズにはどうも目上の人物への礼儀に欠けている面がある。

だが、佐々木が受けた印象はまるで違った。今もはっきりと思い出すという。

「身なりは汚いけど、目の力が凄かったんだ。キラキラしていてね。私の方がずっと年上なのにこちらをじっと見つめて圧倒してくるんだよ」

佐々木の目を見据えたジョブズは、「アイデアを求めてあなたに会いに来た」と言う。そこで佐々木は出来の悪い教え子を諭すように、共創の哲学を説いた。

「うーん……」

しばし黙り込んだジョブズが佐々木の言葉から何を学んだかは分からない。だが、後にアップルに復帰したジョブズは、佐々木の共創の教えを忠実に守っている。「裏切り者」あるいは「ドロボウ」とまで罵倒した米マイクロソフトを率いる積年のライバル、ビル・ゲイツとも手を結んだ。ジョブズが世に送りだした最高傑作とも言えるｉＰｈｏｎｅは電話に音楽プレーヤーやコンピューターを共創させた作品だ。

話を１９７８年に戻そう。
中央研究所に着いた孫と父・三憲を迎えた佐々木の部下の野田倫弘らは孫を１階の商談スペースに通した。佐々木が姿を見せ、三憲が簡単な挨拶を済ませると、孫はすかさず風呂敷から大事に抱えていた物を取り出した。それは孫のアイデアで発明した
という電子翻訳機だった。
「ああ、そういう話なら2階でしましょう」

そう言うと佐々木は孫親子を2階にある自分の専用応接室に案内した。正確に言えば、この頃はまだこの親子は安本という日本名を名乗っていた。米国留学中の孫は現地ではソン・ジョンで通していたのだが。

部屋に入ると父を差し置いて孫がまた話し始めた。三憲は息子から「オヤジは挨拶だけでよか」と念を押されていたのだ。

孫はシャープの協力を得てこの電子翻訳機を実用化できないかと言う。ボタンで言葉を入力すると翻訳するだけでなく発音までしてくれると説明した。

「ほぉ、面白い」

そう言ったものの、佐々木は正直言ってそれほどの驚きを感じなかった。技術的にはそこまでの目新しさがあるとは思えない。だが、やはりこの若者もジョブズと同じように、目の力が違ったという。

(この青年の力になってみたい)

孫の話を聞き終わらないうちに、佐々木は若き日の孫が放つなんとも説明のしにくい魅力に気づき始めていた。

一方の孫は追い込まれていた。

(これが最後。もし、この人に認めてもらえんかったら……)

1957年に在日韓国人3世として生まれた孫が生まれ育ったのは、佐賀県のJR鳥栖駅近くの無番地だった。国鉄の土地を不法占拠しているため住所がない。家畜の豚とそのエサの臭いが漂うバラック小屋で育った孫は、高校入学直後に一念発起する。

「俺は事業家になる」

この頃には父・三憲がパチンコなどで成功しており、経済的には問題がなかったこともあり、高校を中退して渡米を決意する。このあたりの詳細は終章に譲るが、米大学の中でも屈指の名門として知られるカリフォルニア大学バークレー校の経済学部に編入した孫は、事業の種を見つけるため日々の猛勉強の合間に、「毎日発明」を自らに課した。

その中からついに浮かんだのが音声機能付き電子翻訳機だった。今のパソコンのキーボードのような本体に、例えば「こんにちは」と打つと「Hello」という文字が小さな液晶画面に出るだけでなく、「ハロー」という音が聞こえる。

バークレー校で宇宙物理学を教えるフォレスト・モーザーを口説き落として協力を得て開発したものだ。モーザーはスピーチシンセサイザーの研究でも知られた存在だった。孫はモーザーに、実用化すれば成功報酬を払うと約束していた。

試作機ができるといよいよ実用化だ。製品にするにはメーカーの協力が必要になる。孫が日本の電機メーカー各社に手紙を送ると10社ほどから返事が来た。夏休みを利用して勇躍、日本に一時帰国するとメーカーを回り始めたが、学生発明家が考えているより、現実の壁は厚く高いものだった。

「もう他の会社にも行ったのかね」

佐々木が聞くと、孫はすでに松下電器産業（現パナソニックホールディングス）に行ったことを率直に打ち明けた。

「ええ。ただ、その……、門前払いでしたけど」

実は、この頃、松下は創業者の松下幸之助の指示でスタンフォード大学と共同で電子翻訳機の開発に着手していた。そうとも知らずに門を叩いた孫はほとんど相手にもされなかった。

松下だけではなかった。キヤノン、ソニー、東芝……。返事があった名だたる企業をすでに回っていたがどこも同じような扱いだった。いずれもモーザーの名前に興味を示して孫の手紙に返事を寄越したようだったが、実際に米国帰りという20歳そこそこの若者を前にすると、彼の話にまともに耳を貸す者はいなかった。

その中でも悔しい思いをさせられたのがカシオだった。対応に現れた担当者は孫の電子翻訳機を見るなり「ダメですね」の一言。後は話を聞こうともしない。孫が必死に食い下がっても「ダメだダメだ」と、取りつくシマもない。孫はけんもほろろに罵倒されて追い返された。

（二度とこんな会社に来るもんか！）

帰り道に心の中でつぶやいた言葉を、孫はソフトバンクで大成功を収めた後も忘れなかった。

孫が本命と考えていたのがカシオとシャープだった。電子翻訳機は持ち歩けるサイズがいい。熾烈な電卓戦争を戦ったこの2社なら孫のアイデアを理解してくれるだろうと考えたからだ。そのため企業回りは本命のカシオとシャープを最後に残していた。

カシオまでは惨敗。残るはシャープのみ。

最後の望みを託すシャープをどう攻めるか。これまで担当者レベルでそっぽを向かれ続けた苦い経験から、シャープだけは「大物」を狙おうと、シャープに在籍した経験のある弁理士を探し当ててからアプローチした。今と違って人脈のない孫は、真夏のむせかえるような電話ボックスにこもって手当たり次第に電話してツテをたどった。

そうしてようやく出会った佐々木は誰もが知る電機産業の大物というだけでなく、これまでに出会った大人たちとは全く違っていた。電子翻訳機の説明も真剣に聞いてくれるし、事業家として名乗りをあげたいという自分の夢にも耳を傾けてくれる。

「もしウチで契約したら、契約金は何に使うのかね」

佐々木の問いに、孫は正直に答えた。

「プロジェクトを手伝ってくれたメンバーに支払います」

この言葉も佐々木の心を捉えた。

「分かりました。研究費として2000万円出しましょう」

「え、本当ですか！」

さらに佐々木が続けた。

「国連では8カ国語が使われている。英語が成功したら他の言葉にも挑戦しなさい。1カ国語につき2000万円出しましょう」

最大で1億6000万円にもなる望外の契約である。

「あ、ありがとうございます！」

孫が人生で初めて勝ち取った契約金である。最終的に1億円ほどを手にした。

佐々木はなにも孫の将来性だけを買ったわけではない。電卓戦争が一巡したこの当時、佐々木は次のビジネスの種としてソフトウエアの重要性に目を付けていた。カートリッジ交換だけで多言語に対応する孫のアイデアは、まさにソフトで勝負する時代の発想に思えた。

孫親子が研究所を後にすると佐々木は早速、交渉に同席していた野田を部屋に呼び出して指示した。

「すぐにあの若者が持ってきた翻訳機を、商品化に向けて検討しろ」

孫の電子翻訳機はシャープが1年後に商品化した「ＩＱ－３０００」に一部だけ取り入れられた。後継機ではカートリッジ交換のアイデアが取り入れられ、さらにその後継では音声合成機が採用される。段階を踏みながら孫のアイデアを商品へと昇華させていったのだ。これらの機械が後に大ヒット商品となった電子手帳の「ザウルス」へと進化していくのである。

後年、そのザウルスの「頭脳」として採用されたことで経営が軌道に乗ったまだよちよち歩きの異色の半導体企業が、日本から遠く離れた英国の学術都市、ケンブリッジにある。半導体の設計だけに特化するアームだ。

後に孫は「恋い焦がれた」というこの会社を、3兆3000億円もの巨費を投じて電撃的に買収することになる。AI（人工知能）が人類社会を変えると予感した頃にどうしても手元に置きたいと考えたアームだが、この当時は影も形もなかった。まさかこの時、薄いながらも孫とアームの接点があったとは、当然ながら当時の孫が知るよしもない。

米国に戻った孫は佐々木から得た契約金を元手に学生ベンチャーを始める。電子翻訳機のために作った「M SPEECH SYSTEM INC」を「ユニソン・ワールド」と改称し、日本で大ブームを起こしていたインベーダーゲーム機を米国に輸入して大儲けする。

大学を卒業するとその資金を携えて日本に帰り、福岡で事業家人生を歩み始める。1981年のことだ。

それから33年後、孫が老境に達した佐々木に涙ながらに語った通り、まぎれもなく孫の事業家人生は佐々木との出会いから始まったのである。

この後、孫は幾度もの危機に直面する。そのたびに逆境を跳ね返した原動力が孫の天才的なひらめきや、およそ諦めるということを知らない執念にあったことは間違いない。

時には国家や巨大企業を相手に真正面からケンカを売ることもいとわない。誰もが失敗すると嘲笑した無謀な挑戦を繰り返し、その度に成功への階段を上っていく。

1人の老人との出会いから始まった孫のストーリーは今や誰もが知る企業集団へとつながっていく。もっとも、孫の野望はとどまるところを知らない。

「事業家として名乗りを挙げたからには、目指すは世界の頂点だ」

本人はまだ300年続く企業の入り口にさしかかったばかりだと、真顔で話す。

在日韓国人が肩を寄せ合うように暮らした無番地のバラック小屋でいわれない差別に苦しんだ少年が、やがて日本有数の大企業のカリスマ経営者へとのし上がっていく。まばゆいばかりのサクセス・ストーリーである。

だが、孫もたった1人の力でここまで来たわけではない。佐々木だけではない。孫の志に共感した多くの同志たちが彼の歩みを支えてきた。

風雲児・孫正義はこれまで同志たちとどんな苦難に立ち向かい、今また何に挑もうとしているのか。孫とその仲間たちの苦悩と挫折、そして果てることなき野望への挑戦の物語を再現したい。

第1章 再起動

世界が驚いた巨額買収、
孫正義が恋い焦がれた半導体の黒子

PHOTO

10年来の「片思い」だったと言うアームを3兆3000億円で買収した（2016年7月）

2度目の買収

「ねえエリ、今朝のニュースを見た？」

「え、なんのこと？」

「君の会社がソフトバンクっていう会社に買われるそうだぞ」

「ええっ！　なにそれ、本当なの!?」

　早朝、目を覚ました千本絵理はスペイン人研究者の夫からそう告げられると、すぐにスマホでニュースサイトを検索した。探そうとしたヘッドラインはあっさりと見つかった。ブレーキング・ニュースとしてトップ扱いで報じられていたからだ。

「ソフトバンクが２４０億ポンドでアームを買収へ」

　現実のことだと理解するのに、やや時間がかかった。２４０億ポンドは当時の為替レートで３兆３０００億円ほどに相当する。正直、ちょっと実感が湧かない数字だ。そもそも文字通り寝耳に水のニュースが伝える金額の大きさ以上に、肌感覚としてスマホの画面に表示された２つの会社が頭の中で結びついてこない。

（ソフトバンクが？　アームを買収？　なんで？）

千本が働くアームは英国中部の大学の街ケンブリッジの郊外に本社を構える知る人ぞ知る会社だ。

半導体の会社だが、チップは一切作らずにアーキテクチャーという回路の設計だけに特化している。その「設計図」にあたるものを半導体メーカーに売って知的財産のライセンス契約料を得る。チップが実際に電子機器などに使われるごとに、1枚につき日本円で数円から数十円の収入を得るという独特のビジネスモデルの上に成り立っている。

言葉を換えれば半導体の黒子だ。そもそも半導体そのものが一般の人たちには縁遠い産業とも言える。業界関係者以外でアームの存在を知る人はよほどの情報通と言っていいだろう。

ところが業界内では半導体の「影の巨人」として名が通っている。特に存在感が大きいのがスマホだ。世界中に流通するスマホのほぼすべてに、アームの回路技術が使われているからだ。

それにしても、である。この当時のアームの年間売上高は円換算で2000億円に満たない。それを3兆3000億円で買うという。そもそも千本にはソフトバンクがアームを買収する意図が理解できない。

無理もない。2016年7月18日朝にアーム買収のニュースが流れた1年ほど前にアームに入社した千本は、実はかつてソフトバンクで働いた経験があったからだ。経営コンサルのアビームコンサルティングからコンサルタントとして英ボーダフォン日本法人に派遣されていた千本は10年前の2006年3月、驚愕のニュースに接した。派遣先のボーダフォン日本法人がソフトバンクに買収されるというのだ。

千本の派遣先はそのままソフトバンクへと代わり、ソフトバンク流のスピード経営を実感した1人だったのだ。

「これで2回目だね」

当時の事情を知る夫はニヤリと笑うが、今回はちょっと事情がのみ込めない。10年前はソフトバンクが携帯電話への進出を目指していたことは業界内では周知の事実だった。でも、そのソフトバンクがなぜ今回、半導体に手を出そうというのか。

朝食を済ませて職場に出社した千本は同僚から質問攻めにあった。当時、千本はケンブリッジのアーム本社に2人だけいる日本人社員の1人なのだからさもありなん、だろう。

「ねえエリ、ソフトバンクってどんな銀行なの？　なんでウチを買うのかな？」

ソフトバンクの説明はできても、なぜアームを買収するのか。その意図は千本にもいまいち分からない。間もなく、アームの新しいオーナーとして名乗りをあげたソフトバンクの孫正義がその日の午後に早速、本社に来ると伝えられた。

詰めかけたアームの社員の前に孫が登場した。10年前と比べれば白髪が増えてはいたが、相変わらずの童顔で、社外でスピーチする時にいつも見せるように、この日も人懐っこい笑顔を浮かべている。

「これからやってくるＩｏＴ、そしてＡＩは人類史上最大のパラダイムシフトです。そこで戦うためには皆さんの力が必要だ。僕はアームを尊敬している。皆さんが築いたビジネスモデルを変えるつもりもない。会社の経営体制もそのままだ」

どうやら新オーナーはリストラや転売が目的ではないらしい。

「ソフトバンクは皆さんを後押しするためにやってきた。手を携えてパラダイムシフトを加速させようじゃないですか」

高校から米国に留学したとはいえ孫の英語はネイティブの発音ではなく、厳密に言えば文法も少しおかしな時もあり、ぶつ切り的な言葉遣いになることもある。とはいえ意思疎通には全く不自由しない。なにより、言葉のうまいヘタにかかわらず「伝える力」が、孫の話しぶりには間違いなく存在する。

この時もそうだった。この小柄な日本人オーナーは自分たちのビジネスを理解しているようだ。孫が続いて話したソフトバンクの「30年ビジョン」には面食らうエンジニアも多かったようだ。

無理もない。時価総額を30年で200兆円にしようなどと言われてもいまいち現実味が湧かない。ただ、そのためにもアームの力が必要だと、孫は訴える。

どうやらこの男は本気でアームが築いた独特のビジネスモデルをそのままの形で伸ばそうとしているらしい。ちょうどこの頃、アームが内々に力を入れ始めていたIoTという言葉を連発するあたり、孫がよほど自分たちの会社のことを研究してきたことは理解できた。

IoTとは「Internet of Things」の略で、あらゆるモノがネットとつながることを表す言葉だ。我々の身の回りに存在するさまざまなモノに、頭脳となるチップが埋め込まれ、AIによるネットワークが張り巡らされる時代と呼ぶこともできるだろう。

スマホで天下を取ったアームは来るべきIoT、そしてAIの時代でも半導体を支配するための戦略を練り始めていた。

孫が演説を終えると一斉に拍手が起きた。それを聞いた孫はひとまずほっと一息ついて胸をなで下ろした。

（やっとだ。やっと新しい勝負に打って出ることができる）

10年前の計画書

この時から振り返ることちょうど10年前の２００６年半ばのことだ。孫は社内で立ち上げたばかりのM&Aチームのトップに任命した仁木勝雅を社長室に呼び出した。

「お前、アームっていう会社を知ってるか？」

「いや、知りません」

「面白い会社だぞ。調べてみろ」

「どういう意味ですか」

「買収できるかどうか。検討資料を作ってくれ」

M&Aチームを発足させたとはいえ、当時のソフトバンクはとても大型買収に打って出ることができる状態ではなかった。２兆円近くの巨費を投じてボーダフォン日本法人を買収したばかりだったからだ。

子会社のヤフージャパンにも協力させ、買収される側のボーダフォンの資産を担保に買収資金を借り入れるLBO（レバレッジド・バイアウト）というスキームを実現させた。その代償にソフトバンクは、メーンバンクのみずほコーポレート銀行（現みずほ銀行）から厳しい「コベナンツ」を課されていた。

コベナンツとは融資の特約事項で、銀行が巨額の資金を貸し出す代わりに、借り受ける側の企業に一定の財務制限を付けさせる条項のことだ。

早い話が「身の丈を超えるカネを貸すのだから、しばらくは財布のヒモをきつくしめるように」と銀行から厳命され、監視されている状態だ。神学の世界では「神との契約」を意味する。もし約束を破れば融資を回収されるか、実質的に銀行管理下に組み込まれる恐れすらある。

要するに、できたばかりの仁木のM＆Aチームには自由に使えるカネはほとんどなかったのだ。それでも孫はアームという聞いたこともない会社の買収を検討しろと言う。

（相変わらず、孫さんの発想には制約ってもんがないよなぁ）

つい先日も孫が英国のオンラインカジノの会社に出資すると言い出して面食らったばかりだ。

ため息ながらに4人の部下に命じて資料を取り寄せ、アームの研究に入った仁木はすぐに気づいた。

（なるほど、これはいかにも孫さんが好きそうな会社だな）

仁木によると「孫さんが考えるビジネスのモデルには、常に独占体を作り上げようという発想があるんです」という。目立ったライバルがいない、その道では無敵の存在。ただし、いわゆるニッチ・トップとは違う。ある特定の分野で単にシェアが大きいというだけではない。

孫自身が好んで使うのが「プラットフォーマー」という言葉だ。近年はいわゆるＧＡＦＡＭ（グーグル、アマゾン、フェイスブック、アップル、マイクロソフト）などに代表されるデジタル基盤の覇者に使われることが多いが、要するにゲームのルールを支配するほどの会社と言えばいいだろうか。

孫によると「ある時点やシェアを起点に収穫逓増型で成長するビジネスモデル」という。中学の数学で出てくる2次関数のような曲線を描いて売上高や利益が伸びるという意味だ。そのためには仁木が言うように独占的な存在になる必要もある。

重要なのは、その「ある時点」が来るより先に将来のプラットフォーマーを手に入れることだ。

先述の通り、現在ではインターネット検索におけるグーグルやアマゾン、ＳＮＳ、パソコンの時代ならＯＳ（基本ソフト）とＣＰＵを握ったマイクロソフトとインテルの「ウィンテル連合」が格好の例で、今ではプラットフォーマーという言葉もすっかり定着している。

「ツーペア」より「フォーカード」

独占あるいはプラットフォームを追い求める孫が好んで例えに出すのが、米国の石油王ジョン・ロックフェラーだ。ロックフェラーが頭角を現した19世紀後半、まだ鯨油の代わりの灯油、あるいは薬の原料くらいしか用途のなかった石油にいち早く目を付けた炯眼《けいがん》はすさまじい。

１８５９年、ロックフェラーが20歳の年にペンシルベニア州北西部にあるオイルクリーク（油の運河）近郊でドレーク油田が開発されると、その年にモーリス・クラークと会社を設立した。当初は食料品を売っていたが早くも石油の将来性を見抜いて４年後に地元クリーブランドの製油所に投資した。

ロックフェラーは１８６５年にクラークと決別した。２人は石油事業をどちらが取るかオークションで決めた。500ドルから始まった入札は7万2500ドルで決着した。500ドルの差だった。それは、もともとは石油を農産品取引の副業と考えていたロックフェラーが、石油王への道を邁進し始めた瞬間だった。

名著『石油の世紀』の中で著者のダニエル・ヤーギンはこの日の出来事をこう記している。

「この時の2人の握手は、近代石油産業の始まりでもあった。ペンシルベニアの野蛮なブームと混乱を脱し、産業界に新しい力の支配の秩序をもたらすシグナルだった」

文字通り石油の世紀の始まりだ。

だが、新たな産業の夜明けに気づいた者はこの時、まだほとんどいなかった。夜明けとはそういうものなのかもしれない。

くどいようだが当時、石油は灯りくらいに用途が限られていた。ヤーギンの著書によるとドレークがペンシルベニアの油田を発掘した後も、石油そのものよりそれを入れるために使われたウイスキー樽の方が2倍も高くつくこともあったという。

ガソリン自動車が誕生するのはこれより20年近くも後の1886年のことだ。ドイツでカール・ベンツとゴットリープ・ダイムラーが別々に開発している。さらに米国デトロイト近郊でヘンリー・フォードが「T型フォード」の生産ラインにベルトコンベヤを採用して自動車が産業と言える地位を確立するのが1910年代だから、ロックフェラーは半世紀も前に石油の将来性を見抜いていたことになる。

ロックフェラーは「石油の世紀」が始まる前にさして価値がなかった油の出る土地を次々と押さえていった。これは危険な投資だろう。なにせ鯨油の代わりである。一歩間違えれば自ら供給過剰の状態を作り出してしまう。

ロックフェラーが設立したスタンダード・オイル社は文字通り米国の石油業界を支配するプラットフォーマーとなる。孫が注目するのは、ロックフェラーが油田だけでなくその配送手段としてパイプラインなど輸送網の建設まで手掛けた点だ。

自動車が大衆化し巨大産業となった功績は主にヘンリー・フォードの名で語られる。ベルトコンベヤで安く車を作る一方で、従業員の賃金を一気に2倍にして米国経済を支えるミドルクラス（中流階級）が生まれる礎をつくったからだ。

だが、ドイツで生まれた自動車が米国で爆発的な発展を遂げた背景に、ロックフェラーが築いた「石油プラットフォーマー」の存在があったことを忘れてはならない。

仁木が調べたところ、アームも半導体産業を回路設計という形で裏から牛耳るプラットフォーマーになりうる存在に思えてきた。

さらに話が逸れるが、ソフトバンク子会社のヤフージャパンで副社長兼COO（最高執行責任者。後に社長、会長を歴任）だった川邊健太郎は何気ない会話の中で孫の経営哲学に触れることが多いと言う。ある時、ヤフーのグルメ情報の話になった。

「ヤフーグルメは万年3位で、『食べログ』と『ぐるなび』にはどうしても追いつけないでいます。やはりどっちかを買収する必要があるかもしれません」

川邊が言うと、孫はこう答えた。

「お前、カードゲームやるか？」

「は？　まあ、分かりますけど、それが何か」

「ほら、ポーカーでもそうじゃん。ツーペアよりフォーカードの方が強いだろ。そしたら絶対に勝てるだろ」

「そりゃそうですけど」

「だから、そういう時はどっちか、じゃなくてどっちも買収するんだ。最初からそのためにどうすればいいかを考えるんだ」

この後、実際にヤフーは両社の買収を検討したが実現しなかった。孫が言いたかったことはどうせやるなら中途半端なことはせず、最初から徹底してプラットフォーマーの地位を狙え、ということだ。

川邊は孫からこんなアドバイスを受けたこともあった。孫流の思考法をストレートに聞いた時のことだ。

「今、ヤフーで一番うまくいっている事業はなんだ」

「そりゃ、ヤフオクですかね。利益率で考えると一番いいですね」

「そうか。じゃ、ヤフオクはどんなことをやられたら崩壊するんだ」

「えっ、ヤフオクが負けるシナリオですか？」

「そうだ。それを考えろ。そして相手より先にそれをやれ。これをやられたらヤバい、というアイデアを徹底的に洗い出せ。ひとつじゃない。思いつく限りひたすら徹底的に、だ。そして先手を打て。俺はいつもそんなふうに考えるんだ」

こちらはプラットフォーマーの防衛策のように聞こえるが、実際には勝敗が決まっていない段階での足場固めの際に取る思考法のようだ。過去の孫の歩みを検証すれば、築き上げたプラットフォームの地位に固執することなく、ひとつの事業に成功したらむしろあっさりと次の波に挑戦する行動パターンが見て取れるからだ。

ソフトバンクは1981年にソフトウエアの流通業からスタートし、出版、展示会、インターネット、ブロードバンドのインフラ、携帯電話と次々と本業を鞍替えしてきた。そして今またアームを手始めにIoT、そしてAIという未知の領域へと踏み出そうとしている。

孫が本業を変えるたびに口にしてきた言葉がある。「パラダイムシフト」だ。孫からこんな話を聞いたことがある。

「僕は決して世の中を大きく変えるような発明をしたわけではない。何かひとつだけ平均的な人と比べて僕に特徴的な能力があるとすれば、それはパラダイムシフトの方向性と、その時期を読むことに関心が強いということだ」

「目の前の2〜3年の小銭を稼ぐようなことに、僕は興味がないんだ。10年後や20年後に花を咲かせるものを、タネの段階で嗅ぎ分ける能力と、それに対してリスクを取りにいく覚悟が、僕は人より強いのだと思う」

パラダイムシフトへの関心は昔から強かったようだ。それを象徴するような逸話がある。

孫が中学生の頃に「大将」というドラマが放映されたことがある。柴田錬三郎の同名の小説をドラマ化したもので、モデルとなった坪内寿夫は立志伝中の人物だ。シベリア抑留から命からがら帰国して故郷の愛媛に戻る。映画館で成功した後に数々の造船会社を再建させたことから「再建王」、「造船王」あるいは「四国の大将」と呼ばれた人物である。

孫の父親・三憲が「坪内っちゅう人は偉か人や」とさかんに褒めちぎっていたが、正義少年は言い切った。

「父ちゃんが尊敬しとうそのおじさん、俺は尊敬できん。経営者として失格たい」

理由は「時代の流れに逆らっているから」だった。正義少年は、造船はこの時代にすでに斜陽産業になっていると考えていた。それに人生を懸けるのは事業家としては失格だと言うのだ。

もちろん、坪内が造船をやらざるを得なかった事情も理解した上でだが、今もその考えは変わっていないと断言する。

時代の流れを先読みし、その流れには絶対に逆らってはいけない。「時代の流れに逆らうのは武田勝頼と同じ」と切り捨てる。むしろ周囲が気づかないうちに次に来る新しい流れを見極め、それに乗るべきだ。ここで言う時代の新しい流れが「パラダイムシフト」というわけだ。ちょうど、武田家が誇る騎馬軍団を破った織田信長が鉄砲という「合戦のパラダイムシフト」を手に入れたように。

やや話が逸れたが、アームは1990年創業と半導体産業では新興勢力ながら消費電力を低く抑える技術に定評があり、創業時期から小さな電子機器に使う半導体でじわじわと地位を確立していた。仁木が調査した2006年頃には当時の携帯電話、今で言えば「ガラケー」に不可欠な技術になっていたのだ。

携帯電話を作るならまずはアームの技術を前提とするため、なくてはならない存在。まさにプラットフォーマー的な地位を築いていた。

仁木は孫が常々話していたことを思い出した。

「これからはモバイル・インターネットの時代が来る」

ボーダフォン日本法人を買収して携帯電話に進出するのは「周回遅れ」との批判が絶えなかったが、孫はそもそも携帯進出の狙いは電話をやるためではないと言い続けていた。いずれモバイル端末でインターネットをいつでもどこでも楽しめる時代が来る。

そうすれば人々のライフスタイルはガラリと変わる。まさにパラダイムシフトだ。その新たな波に備えるインフラを手に入れるために巨額を投じてボーダフォンを買ったと言うのだ。

ならば、モバイル・インターネットの端末、今で言うスマホの頭脳になるのはどんなものか。それこそが来るべき時代のプラットフォーマーになるのではないか。孫が考えた答えがアームなのだ。そう考えれば「孫さんが好きそうな会社」という結論に行き着くのだ。仁木の頭の中で、ようやく孫の唐突な買収指令が結びついた。

ただし、カネがない。どう考えても銀行がそんないつカネになるかも分からないようなM&Aを許すとは思えない。

ジョブズからのヒント

では、なぜ孫はこの時期にアーム買収を検討させたのか。言葉を換えれば、アームが必要となるパラダイムシフトを予見したきっかけはなんだったのか。

孫に聞いたところ、意外な人物の名を挙げた。アップルのスティーブ・ジョブズだ。孫の話を再現しよう。

いずれ来るモバイル・インターネット時代を制するには最強のマシンが必要だ。

「では、その最強のマシンを作るのは誰だろうか？　そう考えた時、それは（当時携帯最大手だった）ノキアではないだろう。ましてや日本の携帯メーカーでもない。世界でただ1人、あのクレイジーな男しかいないと思ったんだ」

それが、ジョブズである。「クレイジー」は孫にとっては最大級の賛辞だ。

ボーダフォン日本法人を手に入れる少し前のことだ。孫は旧知のジョブズに電話を入れて面会を求めた。早速、シリコンバレーのクパチーノにあるアップルを訪れた孫は、一枚のスケッチを手に携えていた。

それは、当時音楽業界を席巻していた携帯音楽プレーヤー「iPod」と、やはり当時は世界最先端を走っていた日本の携帯電話機を融合させたものだった。インターネットと音楽を融合させた画期的なサービスであるiPodの思想を、携帯電話に組み込めないか。孫は自ら温めたアイデアをジョブズにぶつけようとしたのだ。

ジョブズはそのスケッチを一目見るなり、孫の真意を見抜いた。そしてこう言い放った。

「マサ、そんな醜いスケッチを俺に見せるなよ」

ニヤリとしたジョブズの表情から、孫も察した。この男も同じことを考えているんじゃないか。

「今、俺から言えることは何もない。それに君はまだ携帯キャリアの資格も持っていないだろう」

「それはいずれ手に入れるよ」

「でも、今は持っていない。話はここまでだ。何も言えないよ」

全く会話にならない気配がしたが、そこは互いに認め合った仲である。ジョブズはこう付け加えた。

「でもね、お前が言うことは正しい。最強のモバイルマシンを作るべき時期が来たという考えには、俺も全く賛成だね。そして、そのことを俺に言いに来た奴はマサ、お前が初めてだよ」

（やっぱりだ。この男はすでにやってるんだ。俺が考えたようなモバイル時代の最強のマシンの開発を！）

ジョブズは新製品や新サービスについては極端なまでの秘密主義を貫くことで有名だ。社内でも開発部隊の存在すら絶対に明かさない。そのジョブズがここまであからさまなヒントを与えるのは、それだけ孫を信頼している証だ。

ところが、孫もこれだけで満足して日本に帰るような男ではない。

「じゃあ、俺と手を組んでくれ。そうでなければスティーブ。俺は君と対抗するよ」

孫はその場でサインを求めたが、さすがにジョブズはこれには答えなかった。だが、2人のカリスマ経営者のやり取りが、後のソフトバンクの日本でのｉＰｈｏｎｅの独占販売につながったことは言うまでもない。

ただ、ここからが孫が普通の経営者とは違うところだろう。孫はこの面会の後にこう考えたというのだ。

「スティーブが最強のモバイルマシンを作っているのは間違いない。じゃ、そのマシンの頭脳はどんなCPUだろうか」

孫が注目していたのは電池の存在だった。今ではガラケーと言われる当時の携帯電話でさえ電池がネックになっていた。ましてや、いつでもインターネットに接続できるような携帯ならどれほど電池を使うだろうか。もちろん、電池を大きくすれば解決できることなのだが、孫の考えは違った。

「あの美しさにこだわり抜く男が、電池だけボコッとはみ出したガマガエルのような醜いデザインを選択するわけがない」

孫によると当時の半導体の巨人インテルは「パソコン時代のプラットフォーム」。ジョブズの要求を満たそうとするなら、インテルではなくアームが誇る低消費電力技術が必要不可欠になる。そしてジョブズが創り出すモバイルマシンは世界を変えるほどのインパクトがあるだろう。モバイル・インターネット時代の幕開けである。ならば……。孫はこう結論づけた。

「アームがモバイル・インターネット時代のプラットフォームを握るのではないか」

当時のアームの時価総額は2000億円ほど。実際に孫がアーム買収を決めた10年後の10分の1ほどである。後に孫はこう振り返っている。

「あの頃は誰もアームの価値に気づいていなかったんだよ。だからというのもあるけど、どうしても欲しかった。でも、僕にはその前にやらないといけないことがあったんだ」

ボロボロの状態だったボーダフォン日本法人の再建である。孫とその仲間たちはしばらくの間、社運を賭けてこの会社の再建に挑むことになり、仁木の率いるM&Aチームの中でもアームは次第に忘れられた存在となっていった。

実はその後、孫が仁木に再びアーム買収を検討するよう命じたことがある。ボーダフォン日本法人の再建に成功し、携帯電話事業の地歩を固めた2012年頃だ。

ただ、同じ時期に米スプリントを買収して米国に進出し、ソフトバンクのグローバル化を進めるという案が浮上していた。孫が選んだのはスプリントだった。

2度消えたアーム買収案。それでも孫の胸の内からアームが消えることはなかった。

「むしろ、ずっと淡い片思いを続けていた」

そして10年越しの片思いに、いよいよケリをつける時が来たのだった。

トルコの港町

２０１６年7月4日、地中海にのぞむトルコ南部の港町マルマリス。ヨットハーバーが見渡せるレストランの2階に、孫の姿があった。ラフな半袖シャツにチノパン。2階席の半分ほどはテラスだが、事前に借り切っていたため他の客の姿はない。ウッドデッキの向こうには、夏場に乾燥する地中海特有の濃い青が空へと続いていた。

孫はマルマリスにプライベートジェットで駆けつけたのだが、バカンスではない。10年来の片思いに決着をつける勝負の場として選んだのが、この閑静なリゾート地だった。

もっとも、孫がこの地で会う相手は正真正銘、バカンスの真っ最中だった。アーム会長のスチュアート・チェンバース。家族を連れて地中海をヨットで航海していた最中に、孫から電話を受けたのだった。チェンバースにはあらかじめ孫から連絡が行くことは知らされていたが、それにしてもせっかちな男だと思ったことだろう。

「すぐにお会いしたい」

「あいにく今はバカンスで地中海の海の上だよ」

「いつならお会いできますか」

「1カ月くらい先かな」

「そんなに待てません。どこかで寄港してもらえませんか」

なんの用件かは分からないが、ビジネスで重要な話があるのだろう。孫の押しに根負けしたチェンバースは最寄りの港町であるマルマリスを指定した。孫はアームCEO（最高経営責任者）のサイモン・シガースにも同席するよう依頼した。

そんな経緯もあって、チェンバースは半パン姿である。孫がラフな格好を選んだのも、そんな事情があったからだ。だが、心中には期するものがあった。一方のチェンバースは孫の真意が読めない。

（ソフトバンクがいったいうちに何を。どんな事業提携を持ちかけてくるのか）

アームにとってソフトバンクはいわば「客の客の客」。アームの技術を使う半導体メーカー。その半導体を使う携帯電話機メーカー。それを売るのがソフトバンク。直接の取引はないが、何らかの提携の話があってもおかしくはない。

孫がチェンバースに対して、バカンス中にもかかわらず面談の時間を取ってくれたことに礼を言うと、雲ひとつない青空の下でのランチが始まった。この地方の名物というイカの姿焼きが運ばれてきた。

孫がおもむろに切り出した。

「今日、ここに来ていただいたのは他でもありません。私はアームを買収したいと考えています。出資ではなく100％です」

その瞬間、チェンバースとシガースは、孫の言葉を借りれば「イスから転げ落ちるほど驚いた」という。まさか買収とは。驚きを隠せない2人に、孫は畳みかけた。買収の条件より自らのビジョンや夢を語るのが、いつもの孫のやり方だ。

目前に迫るIoT、そしてAIの時代にアームが欠かせない存在であること。その力を発揮するには上場を続けて、短期的な収益にしか関心のない市場を相手にするよりソフトバンクの傘下に入って長期的なビジョンのもとで戦うべきだということ。孫自身がいかにアームという会社に「片思い」を続けてきたかということ。

「ソフトバンクと当社になんのメリットがあるとお考えか」

チェンバースはかつて英ガラス大手ピルキントンのトップとして日本板硝子への会社売却交渉を担った経験の持ち主だ。国境を越えた大型M＆Aには覚えがあるとはいえ、全く異なるビジネスを手掛けるソフトバンクからの提案に動揺の色は隠せない。

孫はソフトバンクがこれからIoTビジネスに打って出ることをもう一度説明した

上で、こう付け加えた。

「アームのビジネスモデルは理解しています。うちと取引関係がないからこそアームの中立性が保てるんじゃないでしょうか」

世界中のほとんどの半導体大手メーカーを顧客に抱えるアームにとって、中立性は避けては通れない問題だ。どこかの「色」が着いたとたん多くの顧客を失いかねずプラットフォーマーとしての地位が揺らぎかねない。

孫はその点を突いてきた。当然だろう。10年もの間、片思いを続けてきたのだから。

実際に買収金額を決めたのはこの日からもう少し後だが、相当な評価額を提案すると言う。最終的にはアームの株価に43％を上乗せすることで落ち着いた。

孫はさらに畳みかける。エンジニア集団のアームだが、その力をいっそう伸ばすため拠点を置くケンブリッジで働くエンジニアの数を5年以内に2倍に増やすと約束するという。当面の利益が犠牲になることは避けられないが、目の前の孫は長期的な成長を追い求めるなら必要不可欠な投資だという。もし、孫が投資目的でアームを転売するつもりなら、そんな固定費がかさむような約束はわざわざしない。

（この男は本気だ）

孫の意図を汲み取ったチェンバースは「私の一存では決められない。取締役会で検討させてほしい」とだけ答えたが、その表情に孫は十分な手応えを感じた。

2人をレストランから送り出すと孫はヨットハーバーへと歩いて行き、交渉に随行したインド人幹部のアロック・サーマとともに記念撮影を始めた。孫自身のiPhoneにおさめられたこの時の写真を見せてもらったことがある。

青い空、澄んだ水面に浮かぶ白いヨットの群れ。痩身長軀のサーマと並んで写る孫の満面の笑み。それだけで、孫が「片思い」を成就させる自信に満ちあふれていることが分かった。

余談だがこの11日後にトルコでクーデター未遂事件が発生した。この時、トルコ大統領のエルドアンは休暇でマルマリスに滞在しており、反乱軍によるホテル爆破や銃撃戦の修羅場と化したが、孫が滞在したこの日はいつも通り、海と空の青に包まれた美しい街並をたたえていた。

「攻めの財務」

マルマリスでの買収提案からわずか2週間後の7月18日、孫はロンドン市内でアーム買収を正式に発表した。３兆３０００億円はこの時点で日本企業による企業買収としては過去最大だ。それをたったの2週間でまとめてみせた。

そこには10年分の片思いに懸ける孫の執念があった。

実は孫が3度目のアーム買収を考え始めたのは、マルマリス会談から1年と少し前のことだった。この時はごく限られた幹部にだけ意向を伝えたが、あっけなく流れかけた。

孫が信頼する金庫番の後藤芳光が反対に回ったのだ。

「まだスプリント再建の出口が見えていません。今はそっちに集中するべきではないでしょうか」

後藤は普段は「攻めの財務」を標榜する一風変わった金庫番だ。金庫番と言えば一般的には経営者の無駄遣いに待ったをかけるのが役目と見られがちだが、後藤は違う。孫が攻めに出る時に機会損失をなくす、つまり財務が足かせとなって攻撃に移れないような事態を未然に防ぐことが自らの役割だと公言している。

「資金調達はストリートファイト」とも語る後藤は、色黒でがっちりとした柔道家のような体形も相まって、見た目にも異色の財務屋との印象が強い。もちろん、孫が認めるストリートファイターの1人である。

そんな男がある意味、正論で押してきた。

これには孫も「そうか」としか言えない。理にかなっていると認めざるを得ないのだ。

だが、やはり片思いは消えなかった。

時はやや遡り、マルマリスでの会談の約1年前。2015年夏、孫はロンドンに飛ぶと、シガースと昼食をともにした。シガースは2013年にアームCEOに就任していたのだが、孫は親交のあった前任のウォレン・イーストにシガースを紹介して欲しいと頼んでいたのだ。

初対面のシガースの印象は「実直なエンジニア。まさにウォレンの正当後継者」だった。それに、聞けばシガースは英国ではなく普段は米シリコンバレーに住んでいるという。半導体産業では多くの顧客がシリコンバレーに存在するからだ。孫もまたシリコンバレーに自宅を持つ。その日は再会を約束して別れた。

ただし、実はこの日が孫とシガースの初対面ではない。シガースによるとソフトバンクがボーダフォン日本法人を手に入れた10年ほど前、「客の客の客」となる孫を訪ねて東京・汐留のオフィスに会いに行ったそうだ。孫は覚えていなかったのだが。

「野心家でエネルギッシュな人だなと思いました。マサがモバイル・インターネットの将来へのビジョンをものすごい勢いで話していたことをよく覚えています」

こちらはシガースの孫に対する、初対面の印象である。

いずれにせよ、この後、孫は後藤の進言通り、まずは火がついたようにスプリント再建の陣頭指揮に乗り出す。自らチーフ・ネットワーク・オフィサーを名乗り、深夜まで米カンザス州にあるスプリント本社との電話会議にのぞんだ。

「スプリント再建の出口が、ようやく見えてきた」

孫がそう公言し始めたのが2015年の秋も深まった時期だ。ちょうどこの頃、孫の片思いが燃え上がる出来事があった。アームが毎年秋に開く技術会議。アームの技術者が次々と講演するのだが、そこでアームが新開発のセキュリティー技術をすべてのプロセッサーに搭載していくと発表した。

専門的な内容のため地元の英国でもほとんど話題にならなかったニュースである。だが、孫はこのマニアックなニュースを「アームは本気でIoT、そしてAIに挑むつもりだ」と解釈した。

あらゆるモノがネットにつながるIoT時代は、いかなる産業もサイバー攻撃のリスクに常にさらされることを意味する。そのために先手を取って対策を講じると、アームが宣言していると、孫は受け取ったのだ。

（やはり今こそアームに行くべきだ）

年が明けて2016年になると、いよいよ決意を固めていった。

問題は、肝心のアームが買収提案に乗ってくるかどうか。孫はその可能性を探るべく動き出していた。マルマリスで買収を提案した1週間ほど前のことだ。

シリコンバレーで「ご近所さん」というシガースを自宅に誘った。孫のシリコンバレー宅はスタンフォード大学に近い高級住宅街にある。シガースの自宅も車で数分という距離だった。

ワインを飲みながらのディナーは3時間ほどに及んだ。互いの経営哲学をぶつけ合う中で、シガースはやはり孫の考えた通り、IoTに打って出たいとの考えを披露する。そこで孫はタイミングを見計らってシガースにこんな問いをぶつけた。

「それだけIoTの重要さを認識しているのなら、もっとガンガン投資して今こそ攻めるべきじゃないだろうか」

シガースはやや考え込んで答えた。

「それはもちろんそうだ。でも、我々は上場企業だ」

孫がさらに突っ込むと、シガースは生粋のエンジニアらしい実直な表情で答えた。

「なかなか市場には理解してもらえないものだね。我々も投資していくということは何度もアナリストたちには説明している。これから一時的に投資額が膨らむ、と。でも実際にそれが原因で利益率が少しでも落ちたら株価は下がる。やっぱり、なかなか理解してもらえないもんだね」

シガースの説明は一般論にも聞こえるが、孫の受け止め方は違った。

（これは、行ける）

アームはシガースを筆頭に極めて専門性の高い技術者の集団だ。市場との対話はもとより得意とする分野ではない。そもそも孫が目を付けていた10年前から、少なくとも孫の目には彼らの実力を市場が正当に評価しているとは見えない。上場していれば投資家たちに経営戦略を理解してもらわなくてはならないのだろうが、シガースも彼らから正当に理解してもらっているとは思っていないようだ。

孫自身も2008年9月に始まったリーマン・ショックの直後には、どれだけビジョンを語っても理解されず、ついには自分でソフトバンク株を買い占めて上場を廃止しようかとさえ考えた経験がある。それだけに、シガースの悩みが手に取るように分かった。

市場に理解されないのならば、ソフトバンクが良き理解者となればいい。その上でアームが飲みやすい条件とは何かを考えれば、少なくともシガース以下経営陣の同意は取り付けられそうだ。

やるなら今だ――。そう考えた孫はシガースとのディナーの直後にチェンバースに会談を申し入れ、マルマリスで落ち合うことになった。

孫の意向を再確認した後藤は、今度は異を唱えることはなかった。スプリントの再建にメドがつき始めた以上、孫の長年の悲願を実現させることが「攻めの財務」の腕の見せ所である。

3兆円超の買収資金のうち2兆円はちょうど買い手がついた投資先の株式を売れば工面できる。あとの1兆円は銀行からの借り入れにすることを決めた。超低金利が続いており条件は悪くないだろう。メーンバンクのみずほ銀行ならなんとかしてくれるはずだ。

ちょうどみずほフィナンシャルグループ社長の佐藤康博と孫がそろってシリコンバレーに出張する機会があった。ソフトバンクが出資するフィンテック関連ベンチャーを視察するのが目的だったが、融資を申し込むなら絶好のタイミングだ。

後藤は仕掛けた。レストランで食事した帰りの車で、孫は後藤と示し合わせた通り、隣に座る佐藤に語りかけた。

「以前からお話ししていたアームの件ですが、いよいよ買収を考えようと思っています」

佐藤には以前からアームに関心があることは伝えてある。およそ1兆円規模もの融資額を伝えたが佐藤に動揺する様子はなかった。

「分かりました。全面的に協力しますよ」

こうして実現させた3兆3000億円もの超大型ディール。ただし、孫の野望はアームにとどまることはなかった。

第2章

AIカンブリア紀

見えてきた「50手先の布石」、そして“後継者”との別れ

PHOTO

AI関連のスタートアップ
に次々と投資する真意は

七面鳥小屋で生まれたアーム

孫にとって10年来の恋人だったアームとはいったい、どんな会社なのか。

ケム川沿いに立つケンブリッジ大学の荘厳なカレッジ群から車で約10分。ケンブリッジの街の外れの街道沿いにあるアームの本社は、それと知らなければ何も気づかずに通りすぎてしまうほど目立たないビルだ。

メインビルの外観は大きな船をイメージしたデザインだというが、言われなければちょっとわからない。要するにどこにでもあるなんの変哲もない郊外のオフィスビルだ。

アームの源流はケンブリッジにあったコンピューター関連会社のエイコーン・コンピューターズという会社にあった。正確に言えば1983年にエイコーン社内で極秘裏に始まった「RISC」という技術の開発にさかのぼる。RISCとはコンピューターによる命令の種類を減らして演算処理の速度を高める設計技術で「縮小命令セットコンピューター」と訳されることが多い。この開発プロジェクトに与えられたコードネームが「エイコーン・RISC・マシンズ」。その頭文字を取ってARM（アーム）と呼ばれていた。

これがアームの原点だが、エイコーンから独立し、やがてスマホの頭脳を牛耳るプラットフォーマーへとのし上がるまでには曲折があった。ここからしばらくは孫が恋い焦がれたアームの創業物語をたどることにする。スマホの影の支配者の原点は、なんと街外れの七面鳥小屋にあった。

それは霧が立ちこめる寒い夜のことだった。1990年11月、英国南部にあるアシュウェルという小さな街の街道沿いに立つ「ローズ・アンド・クラウン」という小さなパブにやって来たのはロンドン郊外に住むロビン・サクスビーという経営者だった。サクスビーはここから少し離れた学術都市のケンブリッジで設立されたばかりのスタートアップの経営を担ってもらえないかと打診されていた。

エイコーン・コンピューターズという会社から切り出された12人が創業したアドバンスド・リスク・マシンズ、通称「アーム」という会社だが、創業メンバーの12人はいずれも半導体設計者で経営を担える人材を探していた。ちなみに、この時点で「エイコーン」が「アドバンスド」に変わっているが、略称は「アーム」のままだ。

サクスビーがアーム側の代表者と話していると突然店のドアが開き、男たちが続々と入ってきた。アームの創業メンバーたちだった。男たちは卓に座るサクスビーを取り囲んだ。いずれの手にもビールが注がれたパイントグラスがある。

サクスビーはアームのCEO就任を打診された当初、ケンブリッジに移り住むことをためらっていたというが、パブで彼らの話に耳を傾け、この新しい半導体会社のかじ取りを担うことを決めたのだという。

こうして12人の技術者と1人の経営者で始まったアームは、実はすでに大型の商談をまとめていた。アップルが新開発の携帯端末にアームの半導体を採用することを決めていたのだ。

そもそもアームは母体となったエイコーンの経営不振が原因で誕生した会社だ。12人のなかのひとりで後に長くアームの技術トップを務めるマイク・ミュラーは「人生のギャンブルだと思って起業に参加したけど、実のところ僕に選択肢はなかった」と振り返る。エイコーンは1985年にイタリア企業の傘下に入ってからも不振続きで、そのまま会社に残ることは現実的ではなかったと語る。

起死回生を期して取り付けたのがアップルとの契約だった。アップルはアームの初期の出資者にも名を連ねたが、期待外れに終わる。アップルが1993年に発売した携帯端末「ニュートン」は今では「iPad」の原型とも評されるが、ちょうどこの年はスイスの欧州合同原子核研究機関（CERN）という研究機関によってワールドワイドウエブ（WWW）が無償公開されてインターネットが到来した時期にあたる。パソコンが爆発的に普及し始め、時代を先取りしすぎたニュートンはまったく売れなかった。いきなり訪れたピンチを前に、サクスビーは発想を切り替えた。

「ひとつの製品に頼るのは危険だ」

そこで考案したのが半導体を作るのではなく、設計に特化して他社にIP（知的財産）をライセンス供与するというビジネスモデルだった。背景には半導体とエレクトロニクス産業を取り巻くパラダイムシフトが存在していた。

アームが生まれる3年前に、ケンブリッジからは遠く離れた東アジアで設立されたのが台湾積体電路製造（TSMC）だった。中国に生まれ、米国に渡ったモリス・チャン（張忠謀）が作った半導体の生産だけに特化する会社だ。このビジネスモデルは後に「ファウンドリー」と呼ばれることになる。

一方、その翌年には米テキサス大学の学生時代に起業したマイケル・デルが23歳の若さでナスダックに上場する。デルは顧客の要望のままにパソコンを組み立てて出荷する「デル・モデル」で一世を風靡し始めていた。

太平洋を挟んで遠く離れた場所で生まれたふたつの新しい会社が示すのは、エレクトロニクス産業で世界的な水平分業の形ができつつあるということだった。ならば、高度な技術力が求められる半導体にもいずれ分業の波がやってくるはずだ――。こう考えたサクスビーが決意したのが、半導体の中でも頭脳にあたるプロセッサーで、命令の種類を減らして演算処理速度を高める「リスク（ＲＩＳＣ＝縮小命令セットコンピューター）」の設計に特化した会社への転換だった。その設計図をＩＰとして半導体メーカーなどにライセンス供与するのだ。

ただし、新しいビジネスモデルにはリスクが伴う。出費を抑えるため、アームのオフィスはケンブリッジから少し離れたスワッハム・バルベックという田舎町にある七面鳥小屋に置くことにした。うずたかく牧草が積まれた大きな一軒家に、机やパソコンを持ち込んで急ごしらえのオフィスとしたのだ。

創業メンバーたちは今もこの一軒家を「ｂａｒｎ（納屋）」と呼ぶ。ただ、オフィス代を節約したところで半導体の開発にはカネがかかる。新会社の資金はみるみる減り続けた。エイコーンから移籍する技術者に対して約束していた昇給も、当面は凍結せざるを得ない状況に追い込まれた。

シャープが救世主

「救世主」は遠く離れたエレクトロニクス大国、日本にあった。

アームは創業直後から、当時は半導体で隆盛を極めていた日本を有望な市場と見て、社員を毎月派遣していた。技術者ながらマーケティングを担当することになったミュラーもその1人だ。日本語の名刺を携えて足しげく通うことになった。つたない日本語で「僕のことはミウラと呼んでください」と言うのがお決まりだったという。

突破口となったのがシャープだ。アップルのニュートンとほぼ同時期に携帯端末「ザウルス」を開発しており、アームの設計図に目を付けていたのだ。シャープと契約を結ぶとアームの財務体質は大幅に改善していった。その後は松下電器産業（現パナソニックホールディングス）や日立製作所など名だたる電機大手へのライセンス供与を決めていき、1994年には川崎市に事務所を開設した。その後すぐに日本でのビジネスが拡大したため新横浜駅前に移転している。

ニュートンとザウルス――。いずれも今では人々の記憶からは消えてしまい、商業的には成功したとは言いがたい商品だが、2つの端末に採用されたアームは、その過程で経営の狙いを定めていくことになった。あえてパソコンというこの頃の巨大市場に背を向ける決断を下したのだ。

「パソコンではすでにインテルが巨人。僕たちはどうやっても太刀打ちはできないと考えた」

ミュラーはこう証言する。その上で、ミュラー自身を含む創業者たちにはひとつ、決めていたことがあるとも言う。

「いつか業界のスタンダードになる」

その野望を実現させるため、パソコンの次に来るチャンスを待とうと考えたのだ。アームが力を入れたのがニュートンとザウルスのような「モバイル」だった。1990年代前半から半ばにかけての当時はパソコンが爆発的に普及する一方で、携帯電話がじわりと広がろうとしていたからだ。

ケータイはパソコンと比べ、格段に小さなバッテリーを長持ちさせる必要がある。アームは徹底して低消費電力技術を磨いた。1990年代末になり、この戦略が大当たりする。アームのライセンス供与先となった米半導体メーカーのテキサス・インスツルメンツが推奨する形で、フィンランドのノキアに採用されたのだ。ノキアはこの当時、携帯電話の世界最大手だ。アームはいきなりモバイルの「大物」を射止めたのだ。

こうしてアームはケータイ向けＣＰＵという新たな市場に攻め込んだ。２００７年にはアームの創業にも関わったアップルがｉＰｈｏｎｅを発売し、モバイル・インターネットの時代が幕を開ける。

こうしてアームは七面鳥小屋から這い上がり「スマホの黒子」の地位を不動のものにしていった。その躍進を虎視《こし》眈々《たんたん》と見つめながら狙いを定めるハンターが、日本にいた。言うまでもない。孫正義その人だ。

50手先の布石

ここまでがアームが半導体業界の「影の巨人」と言われる地位を築いた大まかな歩みである。では、孫はそのアームをどうモデルチェンジしようとしているのか。

「それは言わない。ボクサーがリングに上がる前に最初は左のジャブを打ちますよとか、フィニッシュブローは右ストレートで狙いますとか、そんなこと言わないだろ。

それと同じだな」

アーム買収の直後に孫に直接問うと、こう言ってはぐらかされた。これは新しいビジネスに挑む際の、孫のいわば常套句だ。

そもそもソフトバンクにこれといって何か直接のシナジー（相乗）効果が見当たるわけでもない。孫自身が記者会見でこう断言している。

「囲碁で言えば50手先に碁石を打ったようなもの。素人は2～3手先のことしか考えない。後になって、あの時の一手が効いた、と思えるような一手です。この世界で命を懸けている人にしか分からない。ほとんどの人には分からないでしょうね」

そして不敵に笑ってこう言った。

「まあ、そのうち分かりますよ」

この発言の真意を聞こうとした筆者に語ったのが、先ほどのボクサーの例えなのだが、その時に孫はこんなことも話していた。

「もう始まっているから」

3兆3000億円もの巨費を投じておきながら既存事業となんの関係もないとまで言い切るのだから、やはり普通のサラリーマン経営者にはできない芸当だろう。

ただ、なぜIoTやAIにアームなのかを理解するのはそれほど難しいことではない。

あらゆるモノがネットとつながる社会とはどのようなものかを思い描けばいい。モノとモノをつなぐ通信の手段が有線ではとても追いつかず、当然ながら無線通信になる。

スマホだけではない。自動車、家電、住宅、工場、トラックで運ばれる膨大な数の荷物。それだけではない。メガネや靴、服など身の回りのありとあらゆるものにセンサーが取り付けられるだろう。人体の中にセンサーを埋め込む技術でさえ、そう遠くない将来には広く世に普及するかもしれない。

そのモノのひとつひとつを電源とつなぐことができるだろうか。また、当然ながらネットにつなぐにはモノの「頭脳」となる半導体チップが必要になる。

ＩｏＴは電源を常時つなぐ必要がないほどの超低消費電力のチップを大量に使う世の中と言い換えることができるだろう。そんな半導体を生み出すポール・ポジションにいるのがスマホ時代を制したアームというわけだ。

「アームの半導体は地球上に1兆個ばらまかれることになるだろう」

孫はこう予言する。だからこそ携帯で築いた盤石の地盤がある今のうちにスマホの黒子を進化させる必要があるのだ。

クラウドとエッジ

では、なにが「もう始まっている」のか――。

その青写真が徐々に明らかになってきたのがアーム買収翌年の2017年のことだった。孫はアームを実質的に4分割した。

圧倒的な強さを誇るスマホから切り離したのが、IoT、自動車、そしてデータセンターの3部門だった。単なる組織再編ではない。そこには孫が描くアームの脱スマホ依存の戦略、そして来たるべきAIの時代への布石が存在していた。それはアームの成長戦略の第2幕と呼べるものだった。端的に言えば、「スマホの巨人」から「AIの巨人」への転換だ。

ところで、この頃から孫が盛んに語り始めたのが、「シンギュラリティー」の到来だ。技術的特異点と言い換えられることが多く、AIについていえば人類の知性の総和をAIが超える日と考えられることが多い。そこで生まれる「AGI（汎用人工知能）」、あるいは「ＡＳＩ（人工超知能）」は、産業革命のインパクトを超える変革を、人類社会にもたらすとも言われる。

未来の形を言い当てることは誰にとっても容易なことではない。シンギュラリティーの向こうにどんな社会が我々を待っているのかは、正直なところ筆者には分からない。それが多くの人類にとって現代では想像できないようなユートピアなのか、はたまた映画「ターミネーター」で描かれたようなコンピューターが人類を破滅の淵へと追いやる絶望的な世界なのか……。

ここでは孫正義の物語に話を絞ろう。アームを買収した当時、まだまだＡＩは我々の身近に存在したとは言いがたい。ただし、すでに社会変革の入り口にさしかかっていた。

孫はアームの社内イベントに登壇し、当時の状況を地球上の生命体の進化になぞらえて「カンブリア爆発」に例えたことがある。５億７０００万年前に始まったカンブリア紀は生命の種が爆発的に増加し、動物の「門」がこの時代に出そろったと考えられている。そんな大変革の時代と現代を重ね合わせて伝えようとしたことは、これから始まるＡＩ社会では頭脳を宿すモノの種類が爆発的に増えるだろうということだ。

ところで、孫が時折、口にする言葉にこんなフレーズがある。

「未来を予想する最も確かな方法、それは自ら未来を創り出すことだ」

未来はそれを創った者の手の中にある。理想論や精神論の類いではなく、孫は実際に動き始めていた。

アームを手にした孫がカンブリア爆発にたとえるＡＩ時代。これから社会の隅々にまで広大無辺に広がるだろうＡＩだが、アームにとっては攻略しておかなければならない急所が存在する。ＡＩカンブリア紀の到来を目前にして、最初に攻めるべきターゲットと考えたのがデータセンターだった。

先述の通り、ＡＩ時代にはリアル社会のあらゆるモノに頭脳が搭載され、常に膨大なデータが行き交う世界となる。情報がスマホに集約されていた時代から分散の時代へと移り変わる、とも表現できるだろう。

世界のあらゆる場所で常に生まれる膨大なデータの受け皿となるのがクラウドをつかさどるデータセンターだ。若い頃からロックフェラーを手本に「情報産業の胴元になる」という未来図を描いてきた孫は、まずはここに勝負を仕掛けた。

インテルの壁

行く手には巨大なライバルが立ちはだかる。クラウドの半導体では巨人インテルを米AMDが追う2巨頭体制が確立されていた。両社が採用するアーキテクチャー「x86」に対して、アームのシェアは、クラウドではほぼゼロ。実は、アームは孫が買収する以前から何度もこの2強に挑んでは、ことごとく跳ね返されてきたのだった。

負の歴史を塗り替えるチャンスが舞い込んだのが、孫がアームを買収する前年の2015年のことだった。きっかけは世界的にはそれほど注目を集めることのない1件のM&Aだった。アマゾンがアンナプルナ・ラボというイスラエルの新興半導体メーカーを買収した。狙いはアマゾンが運営するクラウド「AWS」の強化にあった。

このアンナプルナは以前からアームの設計を採用していた。当時のアームの経営者たちは「ここが攻め時」とばかりに、クラウド向け半導体の開発体制を抜本的に見直し始めた。圧倒的なシェアを持つスマホの技術を転用するそれまでのやり方を改め、クラウドのデータセンターに適した設計を確立しようと考えたのだ。

このイスラエルの小さな会社を手掛かりに、アームは王者インテルに対してデータセンターで真っ向勝負を挑む。そんな計画が水面下で進んでいたのだ。今思えば、これこそが、孫が「もう始まっているから」とつぶやいた理由だったのだろう。

アームがソフトバンクの傘下に入ると、この計画に拍車がかかる。アームがクラウドのデータセンター向けに開発した半導体コア「ネオバース」は２０１８年に実用化された。ここからアームがインテルとＡＭＤの２強支配を切り崩すことになったのだが、すんなりと計画が進んだわけではない。

「悪いニュースがある。実はクアルコムがうちのサーバー計画を却下したんだ。それでも君はうちに来るか」

米半導体大手ブロードコムに在籍していたモハメド・アワッドは、ネオバースが公開される直前にアームへの移籍を決めようとしていた。アームがスマホに次いで力を入れるというクラウドの責任者に任命されることになっていたのだが、その矢先に前任者から告げられたのが、この分野の壁の高さを物語る知らせだった。

米クアルコムはスマホのＣＰＵで急成長した半導体メーカーだが、それを陰で支えたのがアームだ。この業界の誰もが知る二人三脚をともにしてきたパートナーからノーを突きつけられたのだから衝撃は小さくない。

そう言われてもアワッドはロサンゼルス郊外にある自宅を手放してしまったばかりで、もはや引くに引けない。

ただアワッドは後に「この時点で、私には自信があった」と語る。長年にわたる半導体産業でのキャリアを通じてアームには「秘密兵器がある」ことを思い知らされていたからだという。

アワッドがブロードコム以前にエンバーという無線ネットワークのスタートアップに入社したのは2002年のことだ。米東海岸のボストンに本拠を置く会社だったが、この頃に進出したのが英国のケンブリッジだった。無線ネットワークから半導体を主力とする会社に転換するために接近したのが、ケンブリッジに本拠を置くアームだったのだ。

当時はテクノロジーの世界でもまだまだ知る人ぞ知るという存在だったアーム。だが、アワッドはこの会社を知れば知るほど、その潜在力の大きさを気づかされたのだという。

「これこそ我々がなるべき姿なんだ」

ケンブリッジで開かれたアームのパートナー会合に出席したアワッドはこう痛感し

たという。キーワードはアームが広げつつあった「エコシステム（生態系）」だ。

当時、ケータイは単なる電話機からインターネットへの接続端末へと姿を変えようとしていた。その先陣を切るために、アームはエコシステムと呼ぶパートナー企業との連携を深めていたのだ。その面々は多士済々だ。ソフトウエアの会社が多いが、同業の半導体や完成品メーカーなども含まれる。

ケンブリッジに移り、そんな「エコシステム企業群」を見て回ったアワッドは、あたかもある企業の群を束ねるかのようなアームの姿に、半導体産業の未来像を見たという。これこそが、アワッドがいう「アームの秘密兵器」だった。アームのライセンス供与先は1000社を超えるが、その先にも間接的にアームの技術と関わる無数の企業群が存在する。世界中でアームに関わるエンジニアの数は、今では1500万人にのぼる。

こんな「原体験」を持つアワッドの自信を裏付けるように、ネオバースはアマゾンのクラウド「AWS」だけでなく、マイクロソフトの「アジュール」にも採用された。クラウド半導体の2強支配に風穴を開けたのだ。クアルコムとの契約失敗の痛手を取り戻すには十分と言えるだろう。

「エッジ」になるクルマ

ただし、身の回りのモノに頭脳が入り込み、巨大なクラウドとの間で絶えずデータが行き来する未来のＡＩ社会に布石を打つには、クラウドだけでは不十分だ。では、膨大なデータはどこからもたらされることになるのか。言うまでもなく、データセンターに次ぐもうひとつの攻めどころがエッジ・コンピューティング、つまり「モノ」の側となる。

もっとも、こちらはクラウドほどターゲットが明確ではない。近未来に半導体チップが埋め込まれることになるだろう「モノ」の数や種類は、現時点では想像するのが難しいからだ。

腕時計、メガネ、指輪、机、靴、街中の防犯カメラ、家電、スマホ……。繰り返しになるが、少し考えただけでいくらでも思い浮かぶ。それに、いまは存在しない「モノ」も新たに生まれてくるはずだ。

ＩｏＴの時代には、まさに千差万別のモノをＡＩがつかさどり、データを生み出すことになるのだろう。アームの視点に置き換えれば膨大なエコシステムが新たに生まれてくるわけだ。

その中でも確実に巨大産業となると目されているのが自動車だ。ＡＩの覇者への脱皮を目指すアームにとっては、負けることが許されない戦いとなる。それだけに周到に布石を打ち始めている。

ひとくちに自動車と言っても、エッジの役割を果たすのが、いわゆるソフトウエア・デファインド・ビークル（ＳＤＶ）になる。直訳すれば「ソフトが定義するクルマ」。３万点もの部品からなる巨大なサプライチェーン網に支えられた自動車産業が、ソフトウエアという未知なる領域と融合する。そんな潮流の波頭を捉えるためにアームが仕掛けたのが「この指止まれ方式」だった。

先述の通り、会社を実質的に４分割するなかで、クラウドと同様に自動車をスマホとは別組織にすると、アームはたて続けにふたつのコンソーシアムを設立した。２０１９年に自動運転に特化する「ＡＶＣＣ」を設立し、２０２１年にはより広くＳＤＶを扱う「ＳＯＡＦＥＥ」を結成した。

いずれも広く参加を募るオープンな場とし、要素技術ごとに分科会を作って参加企業が議論を重ねる。そうすることで次世代の自動車に使う半導体を動かすためのソフトウエアの業界標準を形成していく。もちろんベースとなるのはアームのアーキテクチャーだ。そうなればアームの設計が広く自動車業界に浸透していくという算段だ。

「この業界では誰もがＳＤＶで生き残らなければならないと気づいている。でも、そのビジョンはまだバラバラだ。だからこそ知識を共有する必要がある。誰の脅威にもならないアームにはそれができる」

アームで自動車事業を統括するシニア・バイスプレジデントのディプティ・ヴァチャーニはこう話す。自社では半導体を作らず設計図を売るアームは、どのメーカーに対しても中立な立場を維持してきた。そのポジショニングが業界を挙げて新しいテクノロジーに挑む上での強みになるというのだ。

ここでもう一度、孫が語った「50手先の布石」という言葉に戻ろう。ＡＩ時代にはあらゆるモノに頭脳が入り、「エッジ」から送られるデータの受け皿となるのがクラウドだ。

エッジとクラウド――。

世界中に張り巡らされていくネットワークの両端を押さえようというのがアームの第2章の基本戦略に他ならない。クラウドに続いて自動車をターゲットとするのは、クルマこそが近未来に巨大なエッジになると見るからであり、数ある「頭脳を持つモノ」の中でも、真っ先に攻略しなければならない分野だと考えるからだ。

こうして始まった孫によるアーム改革。だが、この男の視線はもっと先へと進んでいた。AI時代の寵児《ちょうじ》として躍進を遂げるエヌビディアとの合併構想だ。

エヌビディアとの出会い

孫が電撃的にアーム買収を完結させた翌月にあたる2016年10月初め。ソフトバンク本社と同じビルに入る東京・汐留の高級ホテル、コンラッド東京の一室。この日、佐治友基は勝負を賭けたプレゼンにのぞんでいた。

佐治がソフトバンクグループの有志らとともに立ち上げた自動運転バスのSBドライブ（後にBOLDLY）。佐治が所属するソフトバンクと、その子会社であるヤフージャパンとの連携で生まれたばかりのスタートアップにとって願ってもないチャンスが舞い込んでいた。

この日、佐治が向き合ったのがエヌビディア創業者のジェンスン・ファアンだった。公の場ではいつも革ジャンを着こなすことで一躍有名になった半導体業界の風雲児だ。

ここで少し、エヌビディアの歩みについて簡単に振り返ろう。

米エアコンメーカーのエンジニアだった父と、小学校教師の母との間に、台湾で生まれたファンは5歳で家族とともにタイに移り住んだが、その後に親戚を頼って兄とともに米国に移住した。半導体のエンジニアとしてキャリアをスタートさせたファンだが、1993年にシリコンバレーの一角、サンタクララで仲間とともにエヌビディアを創業する。

コンピューター・グラフィックスの半導体に特化し、ゲーム向けで成長してきたエヌビディアだが、2012年に同社が手掛ける「画像処理半導体」と訳されることが多いGPUにとって革命的な出来事が起きる。カナダのトロント大学の研究チームが火付け役となったディープラーニング（深層学習）の飛躍的な発展だ。

世界的に有名な画像認識のコンテストでトロント大が圧倒的な成績を残すと、人間の脳の働きを模した技術と説明されることが多く、それまでも研究者の間では知られた存在だったディープラーニングが一躍、AIの爆発的な成長をもたらしたのだ。するとファンは社内でこう宣言したという。

「エンジニアに告ぐ。今から全員がディープラーニングを学んでくれ」

こうして「ゲームのCG半導体の会社」だったエヌビディアが「AI半導体の会社」へと変貌を遂げていったのだが、予兆は以前から存在していた。

トロント大が火を付けたディープラーニング革命から2年遡る2010年のことだ。ある社員がファンに1本のメールを送った。最先端の大学の研究所ではディープラーニングに使うコンピューターにCPUではなくGPUが使われているという内容だった。

エヌビディアでは毎日、社員がファンに直接メールで意見を具申する独特のカルチャーがあるのだが、膨大な量に達するであろうメッセージの中のひとつに過ぎないこのメールが、エヌビディアの運命を変えることになるとは誰も思わなかっただろう。

その後にスタンフォード大学と共同でGPUをサーバーに使う実証実験を行ったところ、エヌビディアが持つこのチップがAIの処理に適していることが明らかになってきた。

先述の通り、「画像処理半導体」と訳されるGPU。「Graphics Processing Unit」の略称だ。パソコンやスマホの頭脳となるCPUと共通点もあるが、大きな違いを簡単に言えば、GPUは複数の計算を同時にこなす並列演算に向くという点がある。

無数のトランジスタをまとめて膨大な計算をこなすCPUとの違いが分かりにくいが、日経BP記者の島津翔は著書『生成AI真の勝者』でこんな風に表現している。「演算装置という点では同じだが、例えるならば、GPUは数千人が同時に計算をする研究所であり、CPUは1人の天才の頭脳のようなものだ」

ここでは技術論に立ち入ることは避けるが、ディープラーニング革命を経て徐々に明らかになってきたのが、エヌビディアが持つGPUの「数千人が同時に計算する研究所」という特性が、AIの頭脳に適しているという事実だった。そんな未来にいち早く気づき、会社のかじを大きく切るというリスクを背負ったのが、ジェンスン・フアンという革命児だった。

幻のAI半導体合併構想

場面を汐留のホテルの一室に戻そう。

自動運転でエヌビディアとの技術提携にこぎ着けようと意気込み、プレゼンにのぞんだ佐治。ところがプレゼンが終わると、そこに同席していた孫が、フアンに向かって全く関係のない質問を投げかけた。

「いずれ地球はひとつのコンピューターになる。その時、君は何ができる？」

ふたりのカリスマ経営者の応酬が始まった。孫が言う「地球コンピューター」とは、AIが世界中に張り巡らされ、クラウドとエッジの間で膨大なデータが行き交う世界にほかならない。ふたりの議論はもはや自動運転という枠を大きく逸脱してしまった。

孫とファン、ふたりのカリスマの言葉が共鳴し始める。すると孫は「技術提携なんかよりもっと大きなことを考えよう」と投げかけた。もはや佐治は蚊帳の外だ。

こんなやり取りから2週間ほど後のこと。場所は変わってシリコンバレーにある孫の別荘だ。広大な庭に植わる木の下に置いたテーブルで食卓をともにしたファンに、孫は驚きの提案を投げかけた。

「僕はアームを手に入れた。次はエヌビディアが欲しい」

3兆3000億円もの巨額買収が実現した直後のこの頃、返す刀で照準に定めたのが、エヌビディアだったのだ。

エヌビディアの時価総額は2024年に一時、3兆3000億ドル強となりマイクロソフトを抜いて世界首位となった。この当時は約6000億ドルと、当時の円ドルレートで換算すれば6兆円を超える。仮にアームのように全株を取得するなら、単純計算でプレミアム分も加味すればアームの2倍を軽く上回る金額になることは間違いない。

金額的には途方もない構想と言えるが、孫は大真面目だ。いきなり剛速球を投げ込まれたファンは「マサの部下になるのもなぁ」と、返答に窮したというが、それも当然だろう。

結局、エヌビディアへの買収提案は幻に終わる。ただし、これで諦める孫ではない。まずはエヌビディアに約4000億円を出資することで合意する。

買収がダメならと孫が提案したのが、なんと手に入れたばかりの恋人とエヌビディアを一緒にするというまたしても壮大な構想だった。2020年のことだ。アームとエヌビディアを合併させた上で、ソフトバンクが大株主となるスキームを描き、今度はファンとの間で合意も成立したのだが、結局は各国当局の反対で実現しなかった。

その後に孫は「プランB」としてアームを単独再上場させる方針に切り替えた。アームを中心軸にめまぐるしく移り変わるように見える孫の戦略だが、後述する「群戦略」を掲げる孫にとっては、過半出資によるオーナー的な支配には、こだわる考えはない。目的はあくまでAI時代の「指揮者」あるいは「アーキテクト」となることだ。いまだ果たせぬ野望だが、孫が実業家人生の集大成と考えていることは間違いない。

カリスマの教え

ところで、通信会社とみられていたソフトバンクと半導体は唐突な組み合わせと受け止められたのだが、孫にとってはあまり違和感はないだろう。長年、半導体のテクノロジーの進展を自ら研究し続けてきたという自負があるからだ。

そもそも、ソフトバンクの創業に半導体は欠かせない存在だった。

なぜ孫が「情報革命」に生涯を懸けようと考えたのか。

古い記憶をたどれば日本を飛び出して米国に留学しようと決めた高校1年の頃の出会いにさかのぼることができる。事業家になるとの志を決めた孫だったが、それではいったい何をすればいいのか、そのために何を学べばいいのか、図りかねていた。

そこで思い切った行動に出る。

若き孫は、日本マクドナルド創業者の藤田田に教えを請おうと考えた。藤田が書いた『ユダヤの商法』に感銘を受けていたからだった。

孫は当時住んでいた福岡の久留米から毎日、藤田のオフィスに電話をかけた。秘書が応対するのだがラチがあかない。秘書からすれば得体の知れない高校生を取り次ぐわけにもいかない。

そこで孫はついに飛行機に乗って東京に向かった。羽田空港から藤田の秘書に電話してこう告げた。

「藤田さんの本を読んで感激しました。ぜひ一度お目にかかりたい。3分間でいいんです。目も合わさない、話もしないというのならお邪魔にもならないのではないでしょうか。どうか、僕が言ったことをそのままメモにして藤田さんにお渡しください」

さらにこう念を押した。

「それでも藤田さんが会う時間はないとおっしゃるなら僕は帰ります。でも、あなたが判断しないでください」

果たして、藤田からは15分だけなら時間を取ると返事が来た。

「僕は何をすればいいのでしょうか」

愚直に聞く少年に藤田はこう答えた。

「これからはコンピュータービジネスの時代だ。私が君みたいに若かったらコンピューターをやる」

外食業界に旋風を巻き起こしたファストフードの先駆者としては意外な言葉だった

が、孫の胸の中で「コンピューター」というなにやらわくわくするような新しい響きが鼓動したものだった。

当時の藤田は財界でも広く知られたカリスマ経営者である。得体の知れない若者にわざわざ会ってアドバイスを贈った度量の大きさは、さすがと言えるだろう。

その後、カリフォルニアに渡った孫は生涯忘れ得ぬ感動と遭遇する。それは、行きつけのスーパーで買った雑誌『ポピュラー・エレクトロニクス』のページをたぐっていた時だった。インテルが開発したコンピューターチップ「i8080」の拡大写真が目に飛び込んできた。

今見れば古びた集積回路の写真でしかないが、この時の孫の印象は違った。孫自身が、この時に目に映った風景を昨日のことのように語ってくれた。

「あれは1976年、19歳の秋だったと思う。車から降りて落ち葉を踏みしめながら買ったばかりの雑誌をぺらぺらとめくったらチップの拡大写真が目に飛び込んできた」

「何か未来都市の絵のようだったけど、読んでみるとこれがなんと指先に載るコンピューターなんだと。僕はもう感動しちゃって涙が止まらなかった。頭がぐるぐると回ったんだ。ああ、人類はついに自らの頭脳を超えるものを作ったんだな、と」

おおげさかもしれないが、自分は人類史の転換点に立ち会っているのだという感動が全身にこみ上げてきて手足がしびれる思いがしたと言う。

（これこそ藤田さんが言っていたコンピューターなんだ。時代が変わるんだ）

バークレーでは経済学を専攻していた孫だが、このたった1枚の写真との出会いをきっかけに、どんどんコンピューターの魅力に取り付かれていく。ちなみに、この写真は切り抜いてプラスチックの下敷きに入れて片時も離さずに持ち歩いた。寝る時も枕元に忍ばせたほどだ。

バークレーでコンピューターの同好会に加わり、やがてバークレーの名物教授であるモーザーも巻き込んで音声機能付き電子翻訳機を開発する。そして生涯の大恩人である佐々木正との出会いを経ていよいよ事業家として名乗りをあげるのである。

アーム買収は孫にとって、いわばおよそ40年の時を経た原点回帰と言えよう。原点に戻った起業家・孫正義にとっての一世一代の勝負がまさに始まろうとしていたのだ。

代償

ただ、勝負の世界に生きる孫にとって、何かを始めることは、何かを失うことを意味するのかもしれない。時は再び2016年。

アーム買収によってIoTという未知の領域に踏み出す代償に、失ったものがある。ようやく巡り会ったと思えた後継者だ。

ニケシュ・アローラ。このインド生まれのビジネスマンに、孫は惚れ込んだ。結論から言えば退職金を含め総額300億円という破天荒な契約でソフトバンクに迎え、そして孫自らの意思でアローラはわずか2年足らずでソフトバンクを去った。後継者と孫の間にいったい、何があったのだろうか。

2016年の株主総会を目前に控えた6月後半、人事や管理業務の一切を任されている青野史寛は例年通り、孫との打ち合わせに出向いた。

（まあ今年は無風だし、孫さんのことだから5秒で終わるかな）

気楽に構えて総会の予定をiPadで孫に見せたところ、孫が黙ってしまった。

（あれ？　これって何か悩むところありますか？）

孫が目を落としたのは例年通りの決議事項だった。取締役の選任や剰余金の配分などだ。

「いや、この取締役の選任のところなんだけど、ニケシュのところな……。ここは変わるかもしれないな」

（え、マジか？　孫さん、まさか本気で社長を譲るつもりなのか！）

青野が驚くのも無理はない。これまで孫はアローラのことを後継者と公言してきた。だが、よりによってなんでわざわざ株主総会の直前に言い出すのだろうか。管理業務を預かる身としては釈然としないし、なんと言ってもまだ58歳の孫が社長を退くのは、いくらなんでも早すぎるとしか思えない。ところが、事態は真逆だった。

「いや、実はニケシュなんだけど……。辞めるよ」

全く予想もしていない回答だった。アローラはまだ48歳だ。

「ええっ！　いやいや、ちょっと待ってくださいよ。もう招集通知は送ってしまってますよ。どうするんですか」

青野の反論はもっともだ。6月22日に予定していた株主総会の招集通知は6月初めには株主のもとに一斉に配っているし、ホームページにも掲載してしまっている。インターネットによる事前の投票も始まっている。もちろん、代表取締役副社長として、アローラの名も掲載されているから、管理の責任者としてはもう引くに引けない。

実はこの時点で、孫はまだアローラの退任を決めたわけではなかった。青野にもひと言だけ告げた。

「これからニケシュと話す。でも、そうなると思うから」

この後、孫は実際に後継者ニケシュ・アローラと2人で話し合い「決別」を決めた。ソフトバンクが後継者の突然の退任を公表したのは株主総会前日の夜8時。まさに電撃退任だった。

孫とアローラの間でどんな会話がなされたのだろうか。孫に聞いた話から再現すると、次のようなやり取りだった。

「ニケシュ、俺はやっぱり新しい挑戦に打って出たいんだ。人類史上最大のパラダイムシフトが目の前に迫っている。やっぱり俺は挑戦してみたい。ただ、やるならやっぱりキャプテン（船長）だ。あと10年は、俺は船長のままで走りたいんだ。君を副船長のまま10年も待たせるのは申し訳ないと思うのだが、率直なところ君はどう思う」

少し間を置いてアローラが答えた。

「マサ、正直に言うけど、俺はやっぱり10年も待てない。そんなにも待てない」

「そうか。それじゃ、しょうがない。君は君で新しい船を探してもらいたい。こっちの船は俺が船長を続けたいんだ」

「分かった。そうするよ」

この会話について、孫はこんな説明を加える。

「これほどの挑戦にはやはり自分自身が船長として、もうマストに自分自身を鎖で縛りつけるくらいの覚悟で挑みたいんだ。そんな状況でニケシュほどの才覚の持ち主を副船長のまま、10年もの間、ウエイティング・サークルで待たせていいのかと。だから、それじゃ、しょうがないねと2人で話し合ったんだ」

アーム買収を手始めに、孫自身が陣頭指揮をとって新たな挑戦に打って出るため、後継者と見込んだ人物と泣く泣く別れた、というのが孫の説明だ。

これはこれで、確かに偽らざる事実のようだ。だが、ある幹部はこうも証言する。

「孫さんの説明は事実だが、それがすべてではないよ」

その詳細を知るのは孫とその右腕の宮内謙、それに米国人の古参幹部であるロン・フィッシャーの3人だけだという。3人は口を固く閉ざしたままだ。

突然の後継者退任の真相はどのようなものだったのか——。様々な臆測が駆け巡ったが、決定打となったのが、アーム買収を巡る意見の食い違いであることは、ごく一部の幹部しか知らない。アーム買収に反対するアローラと孫が幹部陣を前にプレゼンバトルを繰り広げることになったのだが、この時のアローラの論旨に賛同する者は皆無だったという。ある幹部は匿名を条件にこう証言する。

「ニケシュのプレゼンは、孫さんと違って『とってつけたような』感じが拭えなかった。まるでコンサルタントのような、強烈な当事者意識に欠けるものと言えばいいのか……」

さらに、アローラを巡っては、この半年ほど前にある疑惑が持ち上がっていた。

2016年1月末、ソフトバンクに一通の書簡が届いた。送り主の署名欄には、ボーイズ・シラー・アンド・フレクスナーとあった。米国の法律事務所だ。

書簡の内容は複数の株主を代表しての告発であり、ソフトバンクに対して疑惑の主としてアローラを調査するよう求めている。

その書簡が筆者の手元にある。アローラに巨額の報酬を支払っているわりに成果を出せていないことも指摘しているが、最もインパクトが大きいのは「アローラ氏がインサイダー取引に関わっていた可能性がある」と指摘したくだりだ。

アローラは2014年9月にソフトバンクに加わって以降も、シルバーレイク・パートナーズという米投資会社のシニア・アドバイザーを務めていた。そのため書簡ではアローラがソフトバンクの投資部門を託されており、利益相反ではないかと指摘されている。

実際、投資先が重複しており、シルバーレイクはソフトバンクが筆頭株主である中国アリババ集団にも投資していた。ところが2015年1月、アリババ株が20％下落する直前に、シルバーレイクは保有株の45％を売却して売り抜けた。

中国政府に対し、模造品を販売したという報告を怠った事態が、業績の悪化に追い打ちをかけたのだが、書簡ではタイミング的にインサイダーの疑いがあると指摘している。アローラが一連の事態を事前に知りうる立場にあったはずだというわけだ。

ソフトバンクは実際に、外部の法律事務所2社の協力を得て特別調査委員会を立ち上げて内部調査を行った。まとまった報告書は数百ページにも及んだというが、調査結果としてソフトバンクが対外的に公表したのは「評価するに値しない」というあっさりとした一言だけだった。

その文言以上に疑念を呼んだのが公表のタイミングだった。アローラの退任を発表するわずか1日前。土壇場で発表を急いだ印象はぬぐえない。アローラの電撃退任をインサイダー疑惑と関連づける見方をけん制したい意図が透けて見える。

実際に退任すると、その直後にアローラがツイッターでつぶやいた。

「調査によって取締役会からクリーン・チット（clean chit）を得た」

クリーン・チットとはアローラの母国インドで警察が発行する無罪証明のことだ。

とはいえ、その後もアローラの突然の退任と疑惑を結びつける報道が相次いだ。だが、アローラ退任の真相を知る3人のうちのひとりである宮内は筆者の取材に対して、きっぱりと断言した。

「ボーイズの告発は全く関係ないよ」

ただし、こうも続けた。

「これは孫さんが男としてケジメを付けたこと。俺はそれ以上は言わんよ」

宮内がそこまで言う以上、やはりアローラの退任と疑惑は無関係と考えていいだろう。

では、孫が惚れ込んだニケシュ・アローラとはいったい、どんな人物なのか。

1968年にインド北部ウッタルプラデシュ州に生まれたアローラは、インド空軍の軍人を父に持つ。インド特有のカースト制度では決して高い身分の生まれではなく、このカーストから立身出世するには医者かエンジニアになるしか実質的に選択肢がなかった。

アローラはエンジニアの道を選んだ。インド工科大学を出ると片道航空券を片手に21歳で米国に新天地を求めた。手にしたのは、かばん2つと現金100ドル。中継地の英ヒースロー空港では10ドルのサンドイッチを買う時、紙幣を渡す手が震えたという。

米国でも当初は友人宅を頼りにし、大学の学生寮の守衛をしながら学費をまかない、ついに学位を得た。米投資会社とドイツテレコムを経て2004年に創業7年目のグーグルに転身し、2011年には営業部門のトップとなり、実質的に経営を取り仕切る存在となる。

そこで知り合ったのが孫だった。当時、孫はヤフージャパンの検索エンジンをグーグルに替えようと、半年ほど毎週のようにグーグルと交渉していた。相手方のトップとして出てきたのがアローラだった。

孫はこう振り返る。

「ニケシュは本当にタフなネゴシエーターだったけど、交渉を通じて彼の実力が分かった。僕は子供の頃から剣道をしていたが、本当に強い相手というのはスッと立ち上がって竹刀を構えた時に分かるものだ。彼もそうだった。交渉の際の目つきや身ぶり手ぶり言動で、この男はたいしたもんだなと思ったよ」

アローラに惚れ込んだ孫はカリフォルニアの日本食レストランに彼を呼び出し、自身の「後継者」としてスカウトした。最初は断られたがロサンゼルスで再会した際に、孫はテーブル上の紙ナプキンに移籍の条件を走り書きして再びアローラを口説いた。孫にとってはまさに三顧の礼を尽くしたヘッドハントだったわけだ。

ざわめく忠臣

ただ、突然やってきた孫の「後継者」にソフトバンク社内が揺れたことは間違いない。波紋を呼んだのがアローラが加わって初めてとなる株主総会の前に発表された人事だった。

アローラが代表取締役として副社長に就任した。そこまでは良かった。社内外の驚きを呼んだのが、長年の大番頭である宮内謙が副社長から取締役、いわゆる「ヒラトリ」に降格されたことだった。

さらにわずか1年前に取締役に就任したばかりの攻めの財務こと後藤芳光と、戦略家・藤原和彦も取締役を外された。

アローラをナンバー2に据えるため、長年孫に仕えた忠臣たちをスパッと切った冷徹な人事。少なくともソフトバンクを知る多くの関係者がそう捉えたはずだ。

「公開処刑」

民主党の議員からソフトバンクに転じ、社長室長として孫に8年間仕えていた嶋聡は、この頃には一線を引いていたが、孫のドライな人事をこう捉えた。

「ソフトバンクはやはり日本の会社。トップに見込まれて後継者として鳴り物入りで入社したとはいえ、先達への配慮は不可欠だろう」

ただ、実は宮内に関しては「降格」を申し出たのは、他でもない宮内本人だった。アローラを後継者として迎える以上、序列をはっきりさせた方がいいだろうという、孫の心中を見透かした宮内らしい配慮だった。

「副社長が2人いても仕方ないでしょう。それに俺は国内に90%の力を使いたいんです」

長年の腹心の思わぬ進言に、孫はつぶやいた。

「それでいいのかなぁ」

そもそも宮内の社内での求心力を考えれば、副社長から退いたところで何が変わるわけでもない。ただ、宮内にも思うところがあるようだ。この人事のいきさつについて語った時に、こう強調した。

「俺は孫さんにそう言ったんだ。ニケシュに言ったわけじゃないからな」

むしろ寝耳に水だったのが後藤と藤原だ。

（失敗した記憶もないのになぜ……）

思いあまった後藤は孫と宮内に詰め寄った。

「自分の役割が期待されている以上は、僕は全力でがんばります。でも、もしそうでないならその時は忌憚《きたん》なく言ってください。その時は自分の道を歩きます。僕はソフトバンクと孫さんに貢献していきたいと思っています。でも片思いじゃ、しょうがないですから」

攻めの財務を標榜する後藤だけに、ストレートな言い方だ。これには孫も慌てた。

「お前に対する期待値は何も変わってないからな」

後藤も藤原も孫が「ストリートファイター」と頼る人材だ。今もしここで、彼らが離れてしまえばソフトバンクの屋台骨が揺らぎかねない。アローラへの権力移行が思いの外難しいと感じた瞬間だったはずだ。

嫌われ者の後継者

「最近のウチはすっかり変わってしまった」

アローラが連れてきた外国人幹部ばかりが幅を利かせる社内の空気の変化に、誰もが違和感を持ち始めていた。

アローラに関しては口が重い宮内もついにこう認めた。

「正直なところを言えば、僕は半年くらいで『これはダメだな』と思った。ニケシュが優秀な人物だということは分かる。でも優秀さだけでいいのか、と。彼は優秀だけど孫さんのスタイルとは全く違う」

どういうことか。

「孫さんは合理的に見えて人の縁をとても大切にする。誰とでも話す人だから、みんなが戸をたたいてやってくるんだ。でも、ニケシュに関しては、僕のところに不平不満がどんどん聞こえてきた。『全然会ってくれない。会ってもまともに話を聞いてくれない』、とかね。最初に（アローラが後継者とは）違うな、と思った理由はそれだよ」

宮内の言葉通り、アローラが来てからソフトバンク上層部の間で微妙に雰囲気が変わってきた。それまでのソフトバンクの一種の名物が果てしなく続く会議だった。孫を中心に開く会議は特に長い。金曜夕方から始まればいつ終わるとも知れず、幹部たちの間では「ネバーエンディング・ストーリー」とも呼ばれた。

「一番分かる現場の奴を呼べ！」

孫が口癖のように言うことだが、幹部だけではなく現場の連中がどんどんその場に呼ばれ、10人で始まった会議が気づけば30人にもなっているなどということがザラにあった。ホワイトボードに各自の意見を書き出して皆で知恵をぶつけ合うのが孫流、いや、ソフトバンク流の会議だったはずだ。

孫は納得できない説明をする者には容赦なく机をガンガンたたいて罵倒する。そんな孫の熱量に鍛えられた者たちがソフトバンクを支える幹部に成長していく。もちろん真剣勝負の場だが、一種の道場のような感覚でもあった。

それが、アローラが来てから風景が一変した。一番変わったのが、やはり孫の周辺だったようだ。ある幹部が証言する。

「そもそも26階に来る人の数が激減しました。重要な会議に出るのは孫さんとニケシュ、そして彼の取り巻きだけ」

26階とは東京・汐留で孫が陣取る社長室のあるフロアで、重要な会議は孫の部屋の隣にある大会議室、あるいはフロアの端にある幹部専用の会議室で行われる。

ひと言で言えば、ソフトバンクの意思決定が、ワイガヤ方式から密室方式に変わったのだ。その密室に入れるのは「チーム・ニケシュ」と呼ばれたアローラが外部から連れてきた外国人幹部など一部の人間だけだった。それを良しとする古参幹部は少なかったようだ。

「ウチも違う時代に入ったのかな、というのが正直なところでした」

かつてはM&Aチームのヘッドとして孫から重宝された仁木も、疎外感を隠せなかったようだ。

アローラの選別は、なにも日本人幹部にだけ向けられたわけではなかった。天敵として社内で知られた人物がいる。アローラと同じインド出身のラジーブ・ミスラだ。ドイツ銀行で債券部門のトップにいた彼をスカウトしたのは孫だった。アローラからすれば同じインド人でも「身内」ではない。ある幹部が証言する。

「ニケシュは、ラジーブが言うことにはとにかくなんでもノーでした。話の中身なんかまともに聞いちゃいない。とにかくノーなんです」

ちなみにアーム買収で勝負がかかったマルマリス会談で、孫に同席したアロック・

サーマはアローラが連れてきた、れっきとしたチーム・ニケシュの一員だ。当然、アローラの寵愛を受けた側の人間だ。孫はそのような「出自」にはまったくこだわらないが、日本人幹部の中には面白くないと思う人間も多かったようだ。

アローラの矛先は古くからの米国人幹部にも向かった。ソフトバンクは1990年代から米国への投資を続けてきたが、その拠点は東海岸のボストンに置かれていた。その機能をアローラは自身が滞在することが多いシリコンバレーに統合しようとした。ある幹部が当時のことを回想する。

「とにかくニケシュのやり方には、それまでソフトバンクを支えてきた人たちへのリスペクトがなかった。『辞めたければどうぞご勝手に』という感じで、実際に20～30人ほどいたボストンの幹部たちがどんどん辞めていった。みんないなくなったという感じです。これでニケシュがあと1年もいたら本当にウチはどうなったのだろうか、と思いますね」

他の幹部はもっとストレートにこう語った。

「そもそもニケシュのことで良い話なんて聞きますか?　あれだけ頭の良い人間が、なぜ自分がこれだけ嫌われているのか、気づかない方が僕には不思議でしたね」

この幹部はある光景が目から離れないと言う。

なじみの証券会社幹部がある投資案件の打ち合わせのために訪れたが、そもそもアローラはその案件にはハナから興味がない。するとアローラは会議が始まるなりイスを横に向け、足を組んでスマホをいじり始めた。もちろん、プレゼンは全く聞いていない。しらけた空気が会議室を包んだことは、言うまでもない。

アローラが来てから地元インドを中心に数々の有望スタートアップを発掘してきたのは事実だ。インドのネット販売大手に成長したスナップディールは、一度は出資話が破談寸前となったが、まだ正式にソフトバンクと契約していなかったアローラが現地に飛んで創業者を説得してディールをまとめた。

インドの格安ホテル予約サイト、オヨ・ルームズは当時21歳で神童とも呼ばれた創業者リテシュ・アガルワルをニューデリー郊外の自宅に招いて口説いた。

「君たち（出資先の）パートナーは家族と同じだろう。僕はいつもそう考えているんだ」

インドだけではない。今や中国で4億人以上が利用する配車大手の滴滴出行、米国でフィンテックの新たな旗手として注目されるソーシャル・ファイナンス、シンガポールに拠点を置く東南アジア最大の配車アプリのグラブ……。ソフトバンクの支援を得てから一気に急成長を遂げたスタートアップは枚挙にいとまがない。

役割としては投資マネージャーのようだが、それこそが孫がアローラにまずは望んだ役割だった。単なる投資ではなく、孫の言葉を借りれば「同志的結合」によって彼らとつながることで巨大なＩＴ企業群を作り上げることが孫が描くソフトバンクの長期ビジョンだからだ。

もっとも、グループ内の日本人幹部にアローラを擁護する声がなかったわけでもない。ヤフージャパン副社長（後に社長、会長）の川邊健太郎は「グーグル時代の失敗談を数多く披露してくれたり、ためになる話が多かった」と言う。アローラはソフトバンクグループの屋台骨のひとつであるヤフージャパンの会長も務めていた。

アローラが語った失敗談とは、グーグル・マップを本当はログイン式にすべきだった、という話だった。なるべく多くの人に使ってもらうためにログインなしに使えるようにしたが、ログインを通じて個人ＩＤを管理すれば膨大な情報を集めることができたはずだと言う。

プライドが高そうに見えるアローラが自らの失敗を、川邊らにあけすけに語って聞かせた。

「だからヤフージャパンもログイン率を高めて個人ユーザーにアプローチしやすい体

制を作るべきだと思う」

川邊もこれには大賛成だった。なおもアローラの話を続ける。

「彼は頭の良さは人の2〜3倍という感じだった。それもすごいけどもっとすごいのは人脈の広さで、それはもう20〜30倍でしょう。彼がネット業界で会えない人なんていないはずです。僕にもいろいろな人を紹介してくれたし、ヤフージャパンのためにその人脈を活用してくれることも多かったですよ」

2016年初めにヤフージャパンの大株主でもある本家・米ヤフーが身売りに出たとの情報を得るや、アローラが米ヤフーCEOのマリッサ・メイヤーや、その米ヤフーの買い手に浮上していた米ベライゾン首脳に直接電話して、ヤフージャパンの取るべき選択肢を模索したことは、社内で語り草になっている。

それでも一度社内に広まった不信感はぬぐえなかったようだ。

そもそもインサイダー取引疑惑に関する特別調査委員会が「シロ」と認めたアローラの資質問題についても根深い疑念は消えなかった。人事を取り仕切る青野はこう語る。

「法的に問題がないと言っても、それはやっちゃいかんでしょ、という類いの問題だと思います。普通はそんな（疑念を持たれるような）ことはやらんでしょう」

かつて社長室長として孫に8年間仕えた嶋聡はすでにソフトバンクを後にしているだけに、もっと率直だ。元政治家の顔を持つ男だけにこう話す。

「もし僕が（アローラ入社時にも）社長室長だったら徹底的に『身体調査』をやった。そして絶対に（入社を）止めていた」

目に見えて反目する古参幹部と暴走を始めた新たな君主。不満の行き場は誰もが認めるナンバー2の宮内くらいしか見当たらなかったが、絶対的なナンバーワンの孫自身がアローラに惚れ込んでいる。後継者に歯止めをかけられる人物は、ソフトバンクの中にはいなかった。

だが暴君は社内の不満が爆発する寸前のタイミングで、自らソフトバンクを去った。今はもう、彼について多くを語る者は社内にはいない。ソフトバンクは、誰もが認める孫正義という絶対君主のもとで再起動したのだった。

第3章 300年王国

理解されない「異次元経営」の深層

PHOTO

300年王国への野望を
語る（2010年6月）

ひと言の入社試験

1998年3月。三木雄信は当時、東京・箱崎にあったソフトバンク本社を久々に訪れた。最上階にある社長室に入ると、その様子に驚かされる。部屋の中に6畳ほどの小上がりのようなスペースがあり、そこだけ障子や和風の壁がしつらえてある。畳が敷かれたその小部屋の真ん中は掘りごたつになっていた。

「久しぶりだな。まあ、座れよ」

部屋の主である孫正義はそう言って三木を招き入れた。

三木は孫とは同郷で、地元の進学校として知られる久留米大学附設高校の後輩でもある。もっとも、孫は入学してすぐに中退し米国に飛び出してしまったのだが。

三木と高校で同級だったのが孫の15歳年下の弟である孫泰蔵だった。2人は同じクラスで、三木は体育祭などのたびに生徒会長もやっていた泰蔵を手伝うなど、当時から仲が良かった。ちなみに同級生にはもう1人、後にインターネット業界の風雲児となる人物がいる。ホリエモンこと堀江貴文だ。

当時から泰蔵の兄・正義は名の知れた人物だったが、泰蔵は兄のことをあまり友人には語らなかったという。三木にとっても「東京でがばいでかかぁ会社ばしとっ先輩のおるらしかばい」という程度で、どこか遠い人物のように思えたという。

三木と泰蔵はともに東京大学経済学部に進むが、泰蔵が2年浪人したため今度は同じゼミで2年違いの先輩と後輩という関係になった。三木は先に東大を卒業し三菱地所に就職するが、そこで三たび2人の人生が交錯する。

孫正義が米国で探し当てた「インターネット時代の金脈」、ヤフー。その事業を日本でも始めようとしていたのが1996年の初め頃だった。ヤフーの共同創業者であるジェリー・ヤンに憧れた泰蔵は、兄・正義に直談判し、大学の友人を巻き込んでヤフージャパン立ち上げに尽力する。社会人1年目だった三木も泰蔵から誘われた。三木は仕事が終わると箱崎のソフトバンク本社に通い、会社には内緒で孫兄弟のヤフージャパン創設を手伝っていたのだ。

おカタい社風の三菱地所になじめなかった三木はある時、泰蔵に電話した。

「俺な。会社ば辞めよ、思っとるんや」

「そげんやったらうちの兄貴に会うたらよか」

そんな経緯で昼食でも食べに来いと連絡を受けた三木は、2年ぶりに孫のもとを訪れたのだった。三木の経歴などが記された書類に目を落としていた孫は顔を上げると、突然こんな問いを三木にぶつけてきた。

「300年続く企業を作るための条件はなんだと思う?」

(来た!)

これは間違いなく孫の「入社試験」だ。だが、なぜ300年なのだろうか。全く想定外の質問だった。しばらく考え込んだ三木はひと言だけ答えた。

「それは、多様性です」

300年企業の条件など考えたこともなかったが、三木にとっては答えやすいテーマだった。実は大学の卒業論文のテーマは財閥論で、高く評価されて学部長表彰も受けていたからだ。全く異なる事業を手掛ける企業群が時代の変遷に合わせて中核事業を入れ替えながら生き残っていく。その多様性こそが財閥という企業生態系のキーワードになると考えていた。

だが、三木が満を持しての解説を続ける間もなかった。

「そうなんだよ!」

孫はそう言うと掘りごたつから立ち上がり、執務机にある電話の受話器を手に取った。

「すぐに人事部長を呼べ」

そしてポカんとしてその様子を眺める三木にこう言った。

「お前、すぐに入社しろ」

孫の勢いに押されるような格好で三木のソフトバンク入社が決まった。入社試験はたったのひと言で終わり、25歳の三木は社長室に配属されることになった。ソフトバンクの社長室は一般的な会社の秘書室に加え、孫が進める肝いりプロジェクトを補佐する機能を兼ねた部署だった。

三木はその後、2000年10月に社長室長に就任するが、室長としてよりその翌年に孫が事業家人生を懸けて始めたブロードバンドによる通信事業への参入の中心人物として奮戦することになる。

松下幸之助を超えろ

（それにしてもなんで300年企業だったのだろう）

三木の疑問はその後、孫の側近として仕える中で徐々に明らかになってくる。当時まだ40歳だった孫は、メディアからはパソナグループの南部靖之、エイチ・アイ・エスの澤田秀雄とともに「ベンチャー三銃士」などと盛んに持ち上げられていたが、この頃からこんな野望を胸の内に秘めていた。

「ソフトバンクを300年存続させるには、どうすればいいんだ」

孫が尊敬してやまない幕末の志士・坂本龍馬。その龍馬らが打ち倒した江戸幕府は270年近く続いた。ならば日本の歴史上でも類を見ない長期政権とも言える江戸幕府を超える「300年王国」を築こうと、大まじめに考え続けていたのだ。

孫の言葉を借りよう。

「企業体というのは自分のライフスパンを超えて存続できる可能性を持っている。だったらやっぱり徳川政権を超えるくらいのものを作らなきゃいかんと、創業の第1日目から思っていましたよ。海外には東ローマ帝国など300年以上続いた組織はいっぱいある。だったら自分がそれを作れないということはないんじゃないかと思うんですよね」

ちなみに300年という年月の設定には、もう1つ意味がある。孫が尊敬する経営者として必ず名前を挙げるのがパナソニック創業者で「経営の神様」こと松下幸之助だ。

幸之助が1932年5月に開いた第1回の創業記念式。そこで幸之助は有名な「水道哲学」を披露した。

「産業人の使命は貧乏の克服である。そのためには物資の生産に次ぐ生産をもって富を増大しなければならない。水道の水は価《あたい》あるものであるが、通行人がこれを飲んでもとがめられない。それは量が多く価格があまりに安いからである」

つまり、大量にモノを作り出すことで人々が価値を感じられないくらい安く提供し、豊かな社会を作ることが松下電器産業（現パナソニックホールディングス）の使命であるというのだ。幸之助はこの「真使命」を達成するための時期を区切って考えた。建設時代10年、活動時代10年、社会への貢献時代5年。合わせて25年である。さらにこの25年を1節としてこれを10節繰り返すという250年計画を、集まった社員の前で語った。

この年の3年前には米ウォール街での株価暴落が引き金となって世界恐慌が起き、日本にも暗い影を落としていた。2月から3月にかけて政財界の大物が次々と暗殺される血盟団事件が起こり、松下の創業記念式の10日後には首相の犬養毅が海軍青年将校に暗殺される五・一五事件が発生する。

不穏な時代の足音が聞こえるなかで、奇想天外とも言える大風呂敷を広げ、社員を鼓舞した幸之助の人心掌握術は見事と言うほかない。パナソニックの社史はその様子を「会場はいつしか興奮のるつぼと化し、（社員）全員の所信発表が始まった。興奮は頂点に達し、思わず壇上に駆け上がる者が続出した」と伝えているが、あながち誇張とも言えなさそうだ。

３００年計画には、自ら尊敬する幸之助を超えるべしとの孫の野望が垣間見える。そもそも孫は「松下幸之助さんはアンラッキーだった」と語ることが多い。それは幸之助が工業化の時代に生まれたからだと言う。

幸之助より半世紀以上後に生を受けた孫は「人類史上最大のパラダイムシフト」と考える情報革命の入り口で事業家の旗を揚げた。孫の考えでは工業化より情報化の方が、人類にとって大きな変革の波ということになる。ならば自分の方が与えられたチャンスは大きいはずで、だからこそ幸之助を超えなければならない。そんな決意もにじんでいるようだ。

そしてこれは偶然だろうが、幸之助が世界恐慌の後に２５０年計画を語ったのに対し、孫も「１００年に一度の経済危機」と言われたリーマン・ショックの発生から２年後に３００年構想を自らの口で語ることになる。

「巻物」に込めた300年の計

孫の社長室長となった三木はある時、孫から声をかけられた。

「おい、ちょっと散歩に付き合えよ」

1990年代末のこの頃、孫はぽっかり空いた時間があれば本社の近くを流れる隅田川のほとりを散歩することがあった。そのまま行きつけの浅草のトンカツ屋に足を延ばすこともあった。麻婆丼や吉野家の牛丼が好物の孫がなぜかひいきにしていた店だった。余談だが孫の牛丼好きのためソフトバンクの社員食堂には最近、管理業者が変わるまで吉野家が出店していた。

ただ、この日の散歩はなぜか社用車に乗せられた。車が向かった先は箱根の湿生花園だった。到着すると孫はぶらぶらと歩き始め、池のほとりでぴたりと立ち止まった。黙ったまま視線を池に向ける。しばらくして三木に話しかけた。

「なあ、あの鯉はなんで群れになって同じ方向に泳いでいくのかな」

「いや……、なんででしょうね」

また黙って鯉が泳ぐ姿を眺めている。どうやら群れの先頭を泳ぐ鯉を見ているようだ。

「不思議なもんだよな。あの鯉がどうやって他の鯉を先導しているんだろうな」

「さあ」

経済学部出身の三木は、そう言われても答えに窮するだけだ。

「俺はあの鯉を見ていて、いつも思うんだ」

そう言って孫が語りだしたのは鯉の生態ではなく、グループ経営のあり方だった。なぜ先頭の鯉は本来意志がバラバラなはずの他の鯉を導けるのか。その様子を眺めることで、大企業群を率いる組織がどうあるべきかを考えるのだと言う。

「あれを見ろよ。誰が指示を出しているわけでもないのに群れになってちゃんと泳いでいるだろ。なんでかは分からんけど、やっぱりグループってのはこうじゃないとダメなんだよな」

鯉の動きに孫が思索するコーポレート・ガバナンス（企業統治）の答えがあるわけではなかった。だが、ある課題へのヒントをそこに得ようとしているようだった。

孫は三木に言った。

「300年生き残る組織を作るにはどうすればいいか。俺は生物の進化の過程も見本にしなきゃいけないと思ってるんだ」

やはり、300年王国を築こうという孫の思いは真剣そのものなのだ。

孫が描く300年王国。その下地となる研究を託されたのも三木だった。1999年のある日、孫からこんなミッションが下った。

「2000年から2300年までの300年間のソフトバンクの売上高の目標を作れ」

売上高の目標と言っても、企業がよく作るいわゆる中期経営計画のようなものとは全く異なる。なにせ300年という遠い先の話だ。三木はまず、300年先のソフトバンクの売上高の前提となる主要国の経済成長から調べることにした。

300年後もソフトバンクは「情報革命」を使命にしているはずだ。ならば各国のITの市場規模はどうなっているだろうか。米国や日本、西欧などもとになる数字がある国はまだいい。今は取るに足らない市場規模の途上国もいずれはカバーすべきエリアとなる。

ただ、調査会社をいくら訪ねても市場規模の前提となる数字さえない国が多い。そういった国は当時のGNP(国民総生産)の成長率がある程度続くと考え、一定以上になれば当時の全世界の平均GNP成長率である年3％になるという計算にした。

その中でソフトバンクが一定のシェアを取ると仮定する。各国の売上高を足し合わせればどんな成長曲線を描くか。想定される成長曲線はもちろん、何パターンもある。

ここでは孫が考案した「千本ノック」の発想を取り入れている。

これはソフトバンクの祖業であるソフトウエアの流通業の時代から取り入れたもので、社内の業績管理をチームごとに細かく分けた。各チームでソフトの売上高や利益などの項目を足し合わせると全体で1000以上になる。それを数字ではなくグラフにして経営分析に使う。

孫はこれを飛行機の計器類に見立てた。小さな軽飛行機なら目視で飛ぶがジャンボ機になれば計器類だけを見ていればちゃんと飛べる。経営もそれと同じだという考えだが、まずは考えうる限りの数を洗い出すという発想が徹底された結果だと言える。

三木に調べさせる中で孫がこだわったのは、何通りも想定していたソフトバンクの未来の成長曲線と、世界のITの巨人を比べることだった。当時のグーグルはまだ今ほどの存在感はない。アップルは最悪期だった。比較の対象はパソコンの「ウィンテル連合」を築いたマイクロソフトとインテルだった。

どの程度の成長曲線を描けば、マイクロソフトとインテルを抜いて世界最大の企業にのし上がれるか――。孫の関心はこの一点に集中しているように、三木には見えた。

この調査の結果はいくつものグラフにまとめられた。そのグラフをプリントアウトした紙をつなぎ合わせると長さ5メートルほどになった。まだスマホやiＰａｄがないこの時代、孫はこの5メートルもの資料をくるくると巻いて持ち歩いていた。

名付けて「巻物」。

孫は会議のたびに巻物をさっと広げる。移動の際にも巻物を広げてグラフに目を落とす。そこから何を読み取っているのか。三木は社長室のスタッフとして常に孫に寄り添う立場だが、孫は何も語らない。ただ、巻物を片時も手放さない様子を見ると、３００年王国建設への本気度だけはひしひしと伝わってきた。

（きっとこの人は、俺の想像もつかないような遠いところを見ているんだろうな）

世の中はＩＴバブルまっさかり。孫はその渦の真ん中にいる人物として、メディアに登場するたびに現代の成功者と持ち上げられた。あるいはやっかみ半分に「ＩＴ長者」とも称され一代で築き上げた目もくらむような資産は、多くの日本人の羨望の的となった。

２０００年2月2日の夜の出来事は今や伝説となっている。六本木のクラブ「ヴェルファーレ」に2000人を超える若手起業家が詰めかけた。起業の聖地シリコンバレーに対して「渋谷」に英語をあてはめたビターバレーが原形のビットバレー。大企業が「失われた10年」にもがくのを横目に、今や自分たちがこの国の経済の中心なんだ。いや、日本にとどまらずいずれ世界と勝負してやる。ダンスフロアにはそんな熱狂が渦巻いていた。

熱気が頂点に達したのが、孫が壇上に立った時だった。毎年この時期にスイスで開催されるダボス会議からプライベートジェットで駆けつけたという登場の仕方も、彼らの興奮をあおった。

ダボス会議は世界の超一流の経営者、いや、ヴェルファーレに駆けつけた若者から見ればオールドエコノミーの成功者たちのサロンである。そんな場にも招待されるような身分になった孫が、3000万円もかけてこのイベントに飛んできた。確実に世界が変わっている。そんな印象をそこにいる誰もが受けた。

孫と同じようにIT長者と呼ばれるようになった若者の中には、そのまま我を忘れるかのようにつかの間の春を謳歌した者も多かった。

この直後に米国発のITバブル崩壊が日本にも押し寄せたのだった。

ソフトバンクも例外ではなかった。株式分割の影響もあるが、2000年2月に20

万円に迫った株価は、２００２年10月には１０００円を切るまで急降下した。だが、３００年王国を目指す孫の野望は苦難の時もなお消えることがなかった。

ＮＴＴに挑戦状をたたきつけたブロードバンド参入、日本史上最大のＭ＆Ａで果たした携帯電話への挑戦――。２０００年代に入ると孫は事業家としての本能に目覚めたかのように再び走り始めた。

「俺が見たいのはバックミラーに映る景色じゃない」

この時期に孫は度々、口にした。３００年王国という「夢物語」など忘れてしまったかのようだったが、そうではなかった。

２００９年６月24日。創業から29回目となる株主総会で、孫は唐突にこう宣言した。

「来年の株主総会の場で、次の30年間のビジョンを発表させていただきたいと思います」

30年の経営ビジョンと言えば、通常の会社なら聞いたこともないような超長期の経営計画となる。しかもこの頃は「１００年に一度の経済危機」と言われたリーマン・ショックの谷底が、まだまだ見通せない時期だ。メディアでは連日のように「派遣切り」が報じられ、日本だけでなく世界経済全体が冷え切ってしまっていた。この当時も、ソフトバンクの株価が再び暴落したままだった。

だが、１年後のお披露目の場に現れた孫は、30年どころか３００年先の世界まで語り始めた。孫自身もさすがに「最後の大ぼらですから」と自嘲したが、本人は大まじめだった。孫にとって３００年王国は思いつきでもなければホラでもなかったのだから。

リベンジ

30年ビジョンは３００年王国へのグランドデザインとなる。その策定を誰に任せるべきか。２００９年半ばのこの頃には三木はすでに自ら教育関連ベンチャーを創業し、ソフトバンクを飛び出していた。孫が選んだのは意外な人物だった。

１年後に30年ビジョンを発表すると宣言してから、ちょうど１週間後の７月１日。投資家回りのため北京に出張していたＩＲ（投資家向け広報）室メンバーの鎌谷賢之の携帯が鳴った。

「今すぐ孫社長の部屋に来てください」

孫の秘書からだった。孫のミーティングはいつもそうなのだが、分刻みの孫自身の都合に合わせて突然入る。

「すいません。今、北京なんですが明日の夕方には東京に戻ります」

「では、午後6時に来てください。孫社長の会食に参加していただきます」

慌てて本社に駆けつけると、孫を取り囲むように技術系の幹部たちが顔を並べていた。

孫の懐刀である文系CTO（最高技術責任者）の宮川潤一。孫が天才と認め、社内では「マッド・サイエンティスト」と呼ばれる男、筒井多圭志。孫の実弟である孫泰蔵の姿もあった。いずれもIR室の鎌谷には、普段あまりなじみのない面々だった。

（いったい、何が始まるんだ）

食事が運ばれると、孫は宣言した。

「今から新30年ビジョンのブレーンストーミングを始める」

（えっ、まじ？）

驚く鎌谷に孫が追い打ちをかける。

「お前がビジョン検討チームのリーダーをやれ」

（なんで俺なの？）

鎌谷が孫に問い直す間もなく、幹部たちが早速議論を始めた。新ビジョンでターゲットとする30年後には、テクノロジーはどう進化しているだろうか。マッド・サイエンティストこと筒井が力説する。

「それは半導体の進化をたどれば分かるでしょ」

これには孫も相づちを打った。ワインを飲みながらの議論は3時間にも及んだ。最後に孫は鎌谷にこう指示した。

「まずは4つ調べろ。第1に30年後のコンピューターチップの性能はどうなっているか、第2にそれによってどんなソリューションが可能になっているか、第3に30年後の人々のライフスタイルはどう変わっているか、第4に企業を取り巻く競争環境はどうか」

「その上で、1カ月後の取締役会に最初のドラフトを持ってこい」

孫を囲んでの会食はお開きとなった。だが、やはり鎌谷の疑問は消えない。

(それにしても、なんで俺なの？)

無理もない。鎌谷はこの当時34歳。それ以前にソフトバンクに転職してからわずか3カ月だった。財務を通じて会社全体を見渡すことが求められるＩＲを担当しているとはいえ、新しい職場のことをまだまだ勉強中の身だった。

ただ、思い起こせば予兆はないわけではなかった。ちょうど1カ月前のことだった。孫が株主総会の打ち合わせをするため、急遽ＩＲ室のメンバーが呼ばれた。ただ、この日はＩＲ室長の大久保隆が海外出張中だったため、代理として鎌谷が孫に説明することになった。

ひと通りの説明を終えると、鎌谷は最後にこう付け加えた。

「今度の30年ビジョンのことですが、単にお金を儲けるとか時価総額を大きくするとかだけじゃなくて、ソフトバンクがグローバルにどう貢献できるかをおっしゃってはどうでしょうか。世界中の人にどう感謝される企業になるのか、ということです」

聞き終わると孫はすかさず切り出した。

「お前の名前はなんて言うんだ」

「え、鎌谷と申します」

「お前は、どこに埋もれていたんだ？」

質問の意味が分からず鎌谷がキョトンとしていると、同席していた財務担当役員の笠井和彦が助け舟を出した。

「彼はこの4月に中途入社したばかりで、以前は三洋電機にいたそうです」

そう言われて鎌谷は簡単に自己紹介した。

その会議の後のことだった。ここからは鎌谷には知らされていない。孫は人事を任せている青野史寛に電話を入れた。

「青野、お前な、中途採用はストップしろって言っただろ」

「あ、すいません」

青野は確信犯だった。当時はまだリーマン・ショックのまっただ中だった。孫からは採用を一時見合わせるよう指示されていたが、青野はどん底の景気の中でもひそかに有望な人材を求めて目配りを続けていたのだった。

「でも、あいつはなかなか優秀そうだな」

そこで青野はすかさず孫に、鎌谷の経歴を簡単に伝えた。

「そうか、なるほどな。分かった」

この2人のやり取りで鎌谷の配属先はＩＲ室から社長室に替わった。30年ビジョン検討のチームリーダーにするためだが、鎌谷本人に伝えられたのは、1カ月後の孫を囲んでの食事をしながらのキックオフ会議だった。

そしてそのキックオフ会議の翌々日だった。再び孫は鎌谷を呼び出してこう話した。

「お前のその悔しい気持ちな、ソフトバンクでリベンジすればいいじゃないか」

孫が言ったリベンジという言葉の響きを、鎌谷は今も鮮明に覚えているという。

（ああ、孫さんはそれで俺を指名したのか……）

孫に言われて脳裏をよぎったのが、三洋電機時代の苦い思い出だった。

三洋電機のエースの挫折

話はその時から5年ほど前にさかのぼる。三洋電機に入社して7年目を迎えた鎌谷は、会社存亡の危機に直面していた。

2004年、折からの業績悪化に苦しんでいた三洋を、10月に発生した新潟県中越地震が襲った。被災した半導体工場が地震保険に入っていなかったことで、折からの経営危機に拍車がかかったのだ。

挽回を期した三洋の経営陣は震災の後、各部門から若手のエースを選抜して再建計画の策定に取りかかった。選ばれたメンバーは14人。人事部にいた鎌谷もその特命チームの1人で、密かに琵琶湖のほとりにある滋賀工場に送り込まれた。メディアの取材攻勢をかわすためだ。

鎌谷らは日産自動車を再建したカルロス・ゴーンなどの手腕を参考にして傾きかけた三洋再建のプランをまとめたが、これが二転三転する。かつて「なにわのジャック・ウェルチ」とも言われた創業者の長男で会長の井植敏は、三洋再建をニュースキャスター出身の野中ともよと息子の井植敏雅の手に委ねた。

その後の三洋再建は混乱を極めた。鎌谷らは総合家電メーカーから「環境・エナジー先進メーカー」へと転換する「ビジョン」をまとめたが、三洋経営陣はメーンバンクである三井住友銀行や大株主の米ゴールドマン・サックスなどとも対立した。

翌2005年だけで3度も再建計画をまとめ直す異常な事態となった。そのたびに翻弄されたのが鎌谷ら14人の特命チームのメンバーだった。

混乱の果てに2007年3月に野中ともよと井植敏雅は退任を余儀なくされた。

（俺もそろそろ潮時かな）

三洋からの転職が頭をよぎり始めていた鎌谷を止めたのが、次期社長に就任することが決まった佐野精一郎だった。

「知っての通り、俺が社長をやることになった。一緒に支えてくれないか」

佐野は人事部時代の鎌谷の上司だった。

（ここは踏みとどまって恩返ししないといけない）

鎌谷がそう考え直したのにも訳がある。そもそも14人の特命チームに選ばれるほどの人事部のエースに鎌谷を育てたのが佐野だった。鎌谷はこう振り返る。

「労使交渉の時なんか、僕は相手を論破することしか考えていなかった。提案書も隙のないものを作って交渉の席では、相手に逃げ道を与えないくらいの勢いで言い負かしていました。たまに机をバーンとたたいたりなんかして」

「そういうのが仕事ができるということだと勘違いしていたんですね。相手のこともおもんぱかる大人の交渉じゃなかった。当然、労組の人からは、『あいつはなんだ』ってなるじゃないですか。そこを後からこっそりフォローしてくれたのが佐野さんだったんです。気づいた時にはもう、頭が上がらない思いですよ」

鎌谷は最年少で部長に昇格し、佐野の直属の戦略策定メンバーとして再び、経営再建と将来に向けたビジョン作りに取りかかることになった。佐野は「環境・エナジー先進メーカー」のビジョンを再稼働させて経営改革に着手する。リストラ効果に加えデジタルカメラとリチウムイオン電池の好調が後押しして、就任初年度の2008年3月期に4年ぶりの黒字回復を達成する。

さらに液晶パネルの調達でシャープと提携し、不振の携帯電話事業を京セラに売却するなど着実に構造改革を進めていた。

「ようやく集中治療室を抜け出せた」

三洋幹部から安堵の声も聞こえ始めてきたところに、米国から金融不安の足音が忍び寄り、9月にリーマン・ショックが発生した。

「松下と交渉することにしたから」

鎌谷は佐野から、パナソニック（松下電器産業）への売却交渉を告げられた。

「同業他社はないだろ、それはちょっと違うんじゃないかと思いましたが、佐野さんが判断されたこと。尊重するしかないかなと思いました」

その年の11月7日、大阪市内でパナソニックによる三洋電機買収の記者会見が開かれた。その場に同席した鎌谷は、苦渋とも安堵ともつかない佐野の表情を眺めながら、三洋を去る決断を下した。

（ここでの俺の仕事は終わった）

信長に学べ

不完全燃焼に終わった三洋でのリベンジをソフトバンクで果たしてみろ。

孫からハッパをかけられた鎌谷はたった1人で、入ったばかりの会社の30年ビジョンを作るという挑戦を始めた。

最初に取り組んだのは孫から託された第1のテーマ。30年後のコンピューターチップの性能を占うことだ。これははっきりとした手掛かりがある。ムーアの法則だ。

インテル創業者の1人、ゴードン・ムーアが1965年に書いた論文で提唱したもので、一般には次の法則で知られる。

「集積回路上のトランジスタの数は18カ月で2倍になる」

これが18カ月なのか24カ月なのかは議論の分かれるところであるが、鎌谷はとりあえず24カ月説をとった。

ムーアの法則と半導体の進化に関しては孫は常々関心を持っているが、その捉え方が独特だ。

人間の大脳には300億個の細胞があると言われている。では、ムーアの法則に従えば、ひとつの半導体チップ（集積回路）の上に載るトランジスタの数は、いつ人類の大脳を超えるのか。創業間もない頃に孫が計算したところ、2018年と出た。単なる計算上のことだが、孫は人間の知能をはるかに超える「超知性」が出現するターニングポイントが2018年だと考えるようになった。

さらにこれがずっと同じペースで続くと、例えば100年後にはコンピューターの能力はどうなるか。現在の1ガイ倍になる。

1億の次の単位（1万倍）が1兆、その次（さらに1万倍）が1京、さらにその次（さらに1万倍）でようやく1ガイになる。まさに天文学的な数字である。

「人間は昆虫やアメーバをバカにしますよね。でも、100年後のコンピューターから見ると、たった1枚のチップと比較しても人間の脳細胞というのは（現在の）我々から見るアメーバ以下なのです」

こんな調子で未来の世界を予想していく作業を進めた。次第にチームのメンバーも増え、もちろん孫も全面的に参加した。孫は100時間以上を鎌谷ら検討チームとの議論に費やした。

1年という時間をかけて作り上げた孫のビジョンは、その作成過程が実に面白い。議論や調査は真剣そのものだが、端から見れば脱線に見えることが多かった。

研究の対象は歴史や生物学にまで及んだ。例えば、今後30年にいたるまでのコーポレートガバナンスを議論していた時だ。孫からこんな指令が飛んだ。

「本能寺の変までの織田信長の領土拡大のプロセスを調査しろ」

鎌谷たちは信長がどんなペースで領土を拡大していったか、横軸に年月、縦軸に領土の石高をとってグラフにしてみた。するとある時を境に急激に領土が増え始めたことに気づいた。いったい、何があったのか。

調べてみると、ちょうどその頃に信長が「天下布武」の印章を使い始めていたらしいことが分かった。それを見て孫は満足げに言った。

「見ろよ、やっぱりビジョンなんだよ」

孫の持論はこうだ。

「ビジョンがないと人間は、本人は一生懸命働いて山を登っているつもりでも同じところをぐるぐると回ってしまう。それだと狭い円から抜け出せない。ビジョンがあれば一目散に高みを目指せる。最終的に大きな山に登れるというわけだ」

信長はビジョンの重要性に気づいていたという孫の仮説は、もうひとつの言葉で立証されるという。信長が旗印にも使った「永楽通宝」だ。

戦国の世では旗印は武勇を鼓舞するものが多かった。大河ドラマ「真田丸」でもおなじみの真田家の「六文銭」が有名だ。六文は三途の川の渡し賃とされ、戦場でいつでも死ぬ覚悟を示したものだ。武神・毘沙門天を信仰した上杉謙信の例もある。

では、なぜ信長はお金の永楽通宝なのか。鎌谷はこう説明する。

「孫さんの考えでは信長はテクノロジーとファイナンスの両方を押さえたから偉大なのだということです」

天下布武が武力によって覇を唱えるビジョンを示すものなら、永楽通宝は自分に付き従えば豊かになれることを天下に示すビジョンだったということだ。楽市楽座でも知られる信長が戦上手な一方で、今で言えば規制緩和を通じて経済活性化政策を推し進めたことは広く知られるところだが、孫はそれを端的に表現する術に学ぶべきだと言う。

信長は重商政策を推し進めるために寺社が管理していることが多かった関所をとっぱらい、これに反抗すれば焼き打ちもいとわなかった。孫が注目したのはその政策もさることながら、自らの考えを分かりやすく世に知らしめたことだった。

もちろん戦闘に勝ち抜くためのテクノロジーも研究対象になる。孫が注目したのはやはり鉄砲だった。鎌谷らにこんな宿題を与えた。

「信長は武田勝頼を破った長篠の戦いで鉄砲をどう使ったか」

鉄砲伝来の時期には諸説あるが種子島に火縄銃が伝わったのは1542年から翌年にかけてとされる。長篠の戦いはそれから約30年後の1575年。信長が戦のパラダイムシフトを起こすまで30年もの猶予があったわけだ。

長篠の戦いの実態にも諸説ある。最も有名なのは信長軍が3000丁とも言われる鉄砲をかき集めていわゆる三段撃ちで武田軍が誇る騎馬隊を打ち破ったというものだろう。

鎌谷は文献をあさり研究者の協力も得て、当時の軍備の常識では多くても数百丁程度だったと仮定した。信長は合戦に加わらない支配下の大名からも鉄砲を集めて当時としてはありえない規模の大鉄砲隊を完成させたと結論づけた。

導き出した結論はいわゆる「戦力の一点集中」の有効性だった。武田軍と対峙するその日に限って言えば鉄砲という最新テクノロジーの「独占」を実現したのだ。

孫の指摘はさらに続く。

「じゃ、火薬はどうなんだ」

火縄銃の火薬の原料となる煙硝（硝石）は日本ではほとんど産出しないため輸入に頼っていた。その貿易を牛耳っていたとされるのが堺だった。火薬があって初めて鉄砲という兵器が完成する。なければただのオモリだ。では信長はどうやって火薬を手に入れたのか。

この点は異論もあるだろうが少なくとも孫の考えでは、信長が傾倒した茶の湯にヒントが隠されているという。

いわゆる茶の湯の天下三宗匠と称される千利休、今井宗久、津田宗及。彼らには共通点がある。いずれも信長の寵愛を受け、堺を拠点とし、茶の湯の師匠という一方で別の顔がある。貿易商、それも武器商人という顔だ。信長は彼らを利用して煙硝を確保したに違いないというのが孫の考えだ。

武田軍も勝頼の父親である信玄の時代から鉄砲は研究していた。ただ、周囲を山地に囲まれる武田家ではどうしても火薬の調達量に限界がある。この点もやはり長篠の戦いの勝敗を分けた原因だと見る説もある。

一方の信長は「火薬貿易のプラットフォーム」である堺を一足先に手に入れ、これをフル活用した。

言ってみれば信長は鉄砲と火薬という新世代のテクノロジーを一時的にせよ独占と言える程度に手中におさめて、それを惜しみなく最強のライバルにぶつけたのである。

こう考えれば、孫がなぜ鉄砲にこだわったかが分かる。それはやはり最新のテクノロジーの存在にライバルより先に気づき、それを独占する手立てをいち早く講ずることの大切さを学べるからだ。

そう考えるとM&Aチームの仁木勝雅がなぜ英アームを「いかにも孫さんが好きそうな会社」と考えたか、改めてその理由が分かってくる。

孫にとってアームが持つ半導体の技術は、来るべきIoT時代の鉄砲なのだ。日本の通信大手より先にiPhoneの破壊力に気づき、それを独占するため素早くスティーブ・ジョブズの懐に飛び込んだ時もそうだった。ジョブズと結んだ独占契約は、孫に言わせればモバイル・インターネット時代の鉄砲とは何かを探し続けてきた思索のたまものなのだろう。

孫はiPhoneを手に入れると幹部陣にこう話した。

「いいかお前ら、これからiPhoneで遊びまくれ」

信長が長篠の合戦で採用した有名な「三段構え」の戦術などは、信長自身が若い頃から火縄銃に親しんでいたからこそ生まれた斬新なアイデアだというのが孫の考えだ。iPhoneをモバイル・インターネット時代の鉄砲だと確信したからこそ、信長にならってiPhoneを使い込むことでアイデアを生み出そうと考えたのだ。

ついでに言えば1995年にインターネットが爆発的に普及すると予見した際の鉄砲は、米シリコンバレーで見つけたヤフーだった。

常に先の時代の鉄砲を求める貪欲さや明確なビジョンを掲げることの意味を、孫は信長から学んでいたのだ。

「投資家・孫正義」の真実

最終的に発表された30年ビジョンでボツとなったものの、孫の考えをよく反映している考察もある。競馬好きの検討チームのメンバーの提案でスタートしたサラブレッドの研究だ。

競走馬であるサラブレッドは今も人間の手で優秀な馬同士を交配させて優秀な種を作り上げようとする。ただ、研究チームで調べたところ、英国の馬はある時期、全く競争に勝てなくなったことが分かった。原因は何か。馬好きには有名な話である。

そもそもサラブレッドという言葉が使われ始めたのは英国で１７９１年と言われている。最初にサラブレッドと認定されたのはジョッキークラブが認めた４５６頭だけ。『ジェネラル・スタッド・ブック』という本に選ばれた馬たちの血統が厳密に記録されていった。そこから優良種による交配が始まった。

時代は下り20世紀初頭。『ジェネラル・スタッド・ブック』によるサラブレッドの定義が厳格化され、英国ではこの本に先祖のすべてが記録されていない限りサラブレッドとしては認めないとされた。当時のジョッキークラブ会長の名を取ってジャージー規則と呼ばれたが、これが英競馬界の凋落を招く。

競馬の新興国である米国やフランスの馬に、どうしても勝てなくなったのだ。原因はやはりジャージー規則による行き過ぎた純血主義だった。

サラブレッドの逸話から企業は何を学ぶべきか――。それはおっとり刀で三木雄信が孫との「たったひと言の入社試験」に駆けつけた時に答えた言葉に集約されるのだろう。

「多様性」だ。異なるDNAを取り込んでこそ、馬も会社も強くなる。

三木の回答に納得したように孫はもともとDNA多様化論の持ち主だったが、サラブレッドの研究を通じて改めて確信したはずだ。それこそが皮肉交じりに「孫正義は事業家ではなく投資家」と言われながらもベンチャー投資の手を緩めなかった理由だからだ。

話は30年ビジョンからやや逸れるが、グループに多様性を取り入れようという孫の経営哲学は側近の三木も見聞きすることが多かった。三菱地所からソフトバンクに転じた三木は孫からこんな「宿題」を出されたことがある。

「今のソフトバンクにとって提携のパートナーになりうる相手を3000社探せ」

「え、3000もですか。どんな会社が対象なんですか」

「なんでもいいよ。ウチのパートナー候補だから当然IT関連だな。それを3000だ。一覧にして持ってこい」

特定の候補が孫の頭の中にあるわけではなかった。孫は単に可能性を自ら制限する考えを排除したかっただけのようだ。三木は当初、孫の意図が分からない。これもやはり千本ノックの発想に近かった。孫は何かのアイデアを求める時、最初から答えを絞らずに、まずは考えうる限り最大限の可能性を検討するという姿勢を貫いていた。

三木がこの指示になんとなく納得したのは、孫から「サケのふ化理論」を聞いた時だった。

メスのサケは一度に2000~3000の卵を産むとされている。サケは生まれた川に戻ってくる性質があることは広く知られている。孫はならば、生まれた川に戻ってくるのはざっと平均するとオスとメスが1匹ずつになるはずだと言うのだ。

なぜならオスとメスが1匹ずつ残らないとサケはいずれ絶滅してしまうことになる。どちらかが極端に多いとバランスが崩れる。両方とも多すぎると今度は増えすぎて川があふれてしまうだろう。

「つまり3000匹に1匹ずつだ。お前はその1匹を卵の段階から見抜けると思うか」

孫が投資先や提携先を探す時、すでに世に知れ渡った企業ではなく、基本的に宝の原石のような会社を探そうとする。いち早く原石を見つけてグループに組み込んでしまう。その原石探しには予断を持たずに、まずは数を打つのが孫の定石なのだ。

孫の投資実績は圧倒的である。中国のアリババ集団やヤフーなど後に大化けした投資先は数知れない。ここで重要なのは、なぜ事業家を自負する孫がベンチャー投資を続けるのか、という点だ。実際に孫自身が30年ビジョンを披露する場で語っている。

30年ビジョンの発表会も大詰めに差しかかった時、孫は唐突に語った。

「30年以内にグループを5000社くらいにしたい」

途方もない数である。なぜそんなにグループ企業を膨張させたいのか。孫自身は30年ビジョンのプレゼンでこう述べている。

「これを理解していただけない方から『ソフトバンクってただの投資会社か』という批判をよく受けます。私は『いずれあなたがたも理解する時がくるでしょう。300

年以内には』と腹の中で思っております」

要するに、普通の感覚では理解できないだろうけどそのうち分かるから見ておけというわけだが、サラブレッドの研究から得られる教訓やサケのふ化理論を考えれば、孫の言いたいことは容易に察しがつく。

一見、互いになんの関係もなさそうな企業群を作り、そこから次の時代を勝ち抜けるサラブレッドを作ろうとしているのだろう。いずれも孫がこれと認めたベンチャーである。一騎当千の起業家たちが「同志的結合」でつながり、互いのＤＮＡをぶつけ合うことでより強いサラブレッドが生まれる。

この考えを、孫はもっと端的に「群戦略」と呼んでいる。異なるブランド、異なるビジネスモデルの企業群が資本関係や、孫が好んで使う同志的結合を通じて独立しながらも結束を保つ状態を指す。

ちなみに同志的結合という言葉を孫に授けたのは大恩人の佐々木正だ。創業間もない頃に会社分裂の危機に陥った孫に贈ったアドバイスだが、それについては後の章に譲る。

孫はこう言う。

「実は『群』がなくても30年はやっていけると思います。30年でピークを迎えるような成功を目指すなら、それでいい。それならシングルブランドでシングルビジネスでやっていくのが一番効率がいいだろう。でも、あのマイクロソフトでさえそれじゃ成長が鈍りつつある。インテルもそうだ。30年ならよくても300年を考えればそれではダメだということです」

世間で誤解されることが多い投資家・孫正義の真意は、30年先ではなく300年先を見据えたDNAの交配と、それによる企業の進化にあるというわけだ。

孫は新30年ビジョンの発表会でこう語った。

「孫正義は何を発明したか。たったひとつ挙げるならば、チップでもなくソフトでもなくハードでもない。『300年間成長し続けるかもしれない組織構造を作った、発明した』と言われるようになりたい」

理解されない戦略

筆者は本書を書くにあたり何度も孫本人から話を聞く機会を得ているが、最も孫が「乗ってきた」と思うのが他でもない、この群戦略について聞いた時だった。

「そうなんだよ。これが一番理解されないよね。でもここが一番重要なんだよ」

孫が言うには300年も続くテクノロジーは存在しない。だからひとつのテクノロジーに依存する組織は永続しない。問題は、次に世界を変えるテクノロジーをどう見つけるかだ。そのための仕組みが、投資を通じた群戦略というわけだ。

つまり、投資は目的ではなく、群戦略のための手段に過ぎない。従って孫の投資はあまり例を見ない独特の哲学が貫かれている。

これは「投資家・孫正義」の方法論と言える。簡潔にまとめよう。

まず、投資先の企業を支配することが目的ではないのでオーナーシップにはこだわらない。むしろ子会社とすることは避ける。ただし、少額出資もしない。原則として筆頭株主となって経営にある程度関与するのだ。従って出資比率は20～40％に落ち着くことが多く、孫によると「あたかも自分が経営しているように考える」という。

この点、通常の企業のM&Aとは全く異なる。通常のM&Aなら即効性のある相乗効果を第一に考えるだろう。だが、群戦略に基づく孫の投資は、そもそもそういった分かりやすい相乗効果が目的ではない。投資のリターンを追求するわけでもないという点で投資ファンドとも全く違う。

象徴的なのが社名に対する考え方だ。孫は「(投資先の) グループ会社にソフトバンクを名乗らせない。SBまでは許すけど、本当はそれさえも許したくないんだ」と言う。投資先の企業のほとんどがまだ名も知れぬスタートアップだが、孫はソフトバンクという大樹の陰に入ることを嫌う。

グループ企業で同じロゴを使い社名にも親会社の名前を冠するような財閥型の組織体系は工業革命、産業革命の時代の遺産だとまで言い切るのだ。例えば、日本の財閥がそうだと言う。多くが明治の殖産興業の時代に生まれたこととも無関係ではない。

では投資先をどう選ぶのか。有望なスタートアップを見つけるのは孫の人脈によるところが大きいが、実際に投資するかどうかを決める際にはある基準がある。それこそが知られざる孫の門外不出の公式である。

筆者は孫からこの公式を聞いたのだが、本人から「やっぱりまだ世の中に出したくない」と、明記しないよう頼まれた。孫にしては極めて珍しいことだ。筆者はこれを承知したため、ここでは残念ながらその公式は紹介できない。記者としてはもったいないところだが、本人との約束だ。

ただ一点だけ、筆者なりに重要だと思う点を指摘させてもらうと、この公式には出資する際の判断材料だけでなく、イグジットの基準も含まれているということだ。つまり孫の群戦略はグループに迎え入れることだけでなく、最初からいつかグループを去ることも前提としている、ということだ。

時代やテクノロジーの変遷に合わせて出会いと別れを繰り返し、融通無碍《ゆうづうむげ》に姿を変える企業連合。それこそが、孫が群戦略で目指す新しい企業群の形だ。投資は、あくまでそのための手段に過ぎない。

「孫正義ディスカウント」という言葉がある。市場関係者がソフトバンクの株価について語る時に使われる言葉だ。即効性のないM&Aを繰り返し、利益に対する負債の比率ばかりが膨らんでいくため、企業価値のわりに株価が割り引かれてしまうという意味だ。メディアなどがソフトバンク式経営の危うさを批判するのも、たいていがこの点を指摘したものだろう。

孫に言わせればそんなことは百も承知で、この類いの批判は近視眼的な見方でしかない、となる。群戦略が理解されないと言う理由のひとつだろう。

大ぼら

やや話が逸れた。孫にとって30年ビジョンは300年王国への序章でしかないというわけだ。

トップがこんな調子だから30年分の経営ビジョンを作るつもりが、検討チームでもいつの間にか議論は300年先にまで飛んでいた。

「迷った時ほど遠くを見ろ」

孫が好んで使う言葉だ。実際に孫は鎌谷ら検討チームのメンバーにこう言った。

「30年単位で区切って考えるから見えなくなるんだ。まずは思い切って300年先を考えろ。そこからさかのぼって30年後を考えればいいだろう」

「なるほど、そういう考え方もあるのか」

鎌谷には孫の言葉がコロンブスの卵に思えたという。もうこの頃にはすっかり孫の発想が身に染みついてきたようだ。思えば三洋電機で不発に終わった仕事のリベンジと思って始めたことだった。ＩＲ室の同僚が実務に追われるのを横目に、世界史や日本史の専門書を繰り、サラブレッドの血統や、昆虫による子孫の維持方法も研究した。

（俺は転職してまで何をやってるのかな）

思わず自嘲することもあったが、三洋の時とは何か違った高揚感を覚えていることに気づく。あの時は過去の負の遺産と向き合い、1年先を生き延びることばかりを考えていた。ここでは未来が目の前に広がっているものだという前提で、周りの仲間たちと議論できる。

もちろん鎌谷たちが思い描いた30年後の明日がやってくる保証など、どこにもない。でも、視線をちょっと高く上げて遠くを見てみるのも、悪くはないかもしれない。あの頃のリベンジに燃えていた鎌谷の中で、何かが変わり始めていた。

視点を変えれば、入社3カ月の若手社員を突然抜擢し「リベンジ」をけしかけたのは、そんな鎌谷の思いを見透かした孫の用兵の妙と言えるだろう。

30年ビジョンをまとめるにあたって孫から鎌谷にもうひとつ、難しい宿題が課されていた。孫は鎌谷を検討チームのリーダーに抜擢し、それこそ千本ノックのように自らの経営思想をたたき込んできた。だが、孫が目指すのはそんな一部の選ばれしエリートが密室で作る計画ではなかった。

すでに2万人に膨らんだグループの英知を結集しろ――。孫が鎌谷に課したもうひとつの課題である。鎌谷は当初、高校野球のような勝ち抜き方式を孫に提案した。グループ社員からアイデアを募集し、地区予選のようにプレゼン大会を開いてふるいにかける。

でも孫は「そういうのじゃないんだよな」と言って首を縦に振らない。そして思いついたのが「ならばいっそのこと社外にも意見を募ってみたらどうだ」だった。ツールとして選ばれたのが短文投稿サイトのツイッター（現X）だ。２００９年12月24日、孫が突然つぶやいた。

「実名で今日からつぶやくことにしました。２００９年のクリスマスイブ。もうすぐ24時です」

アカウント名の「masason」を命名したのは鎌谷だった。masasonはすぐに名物アカウントになる。孫が頻繁につぶやき始めたからでもあるが、ジョークも多くなり毛髪ネタが孫の持ちネタと化したことでも話題となった。

「髪の毛が後退しているのではない。私が前進しているのである」

「（ハーゲンダッツに対して）名前が良くないので、我家では娘達が子供の頃からそのアイスは、ダッツと呼ばせている」（原文ママ）

まだこんなやり取りがフォロワーとの間で定着する以前、初投稿の直後に孫は30年ビジョンへの意見を募集することになる。「人生で最も悲しい事は、何だろう?・」。逆に「人生で最も幸せを感じる事ってどんな事なんだろう?・」。孫の問いかけは通常の企業経営の枠を逸脱しているように見える。

肝心の30年ビジョンのプレゼンはまさにこの問いから始まった。21％のフォロワーが「人生で最も悲しいこと」に「死」を挙げた。ならば300年先には人の寿命を200歳にしたい。孫は真顔でそう語った。

2010年6月25日の30年ビジョン発表を前に、孫のツイッター投稿が加速していく。

「30年に一回の大ぼら語ります」

「私の最後の大ぼらです」

「まっとうな大ぼらです」

そうやって一般の人々まで巻き込んで一世一代と言うプレゼンへの期待感をあおっていく。

鎌谷らが1年をかけて作り上げた新30年ビジョン。壇上に上がった孫は、重要なプレゼンでいつもそうするように、まずはゆっくりとした口調で語り始めた。

「おそらく私の人生で一番大切なスピーチになるでしょう」

簡単に創業以来30年の歩みを振り返った後、孫の話は突然、300年前のことになった。30年後を語るには300年先を見るべきだ。300年先を語るならまずは300年前の世界を検証してみようというわけである。

孫が言いたかったのは、ちょうど300年ほど前から人類史に残る革命が起きているということだった。

産業革命である。

エイブラハム・ダービーによるコークスを使う製鉄法、ジョン・ケイが近代織機の原点を築いた飛び杼、トマス・ニューコメンによる世界初の商用蒸気機関——。世界史の教科書で登場する数々の発明が、人類に機械という新たな力を与えて18世紀後半頃から産業革命という巨大な渦へとつながっていく。

孫は言葉をつないだ。

「300年前に機械により人類の生き方が変わった。パラダイムシフトが起きた。機械によるビッグバンがあった。そして、これから300年間で本当の意味での情報ビッグバンが起きるのではないかと、私は考えています。今はまだ、ほんの入り口です」

鎌谷ら検討チームが調べ上げた「これから起きるパラダイムシフト」を次々と披露していく。

今になって面白いと思えるのは、ここで孫が語った将来のビジョンが、その後のソフトバンクの実際の動きを示す「予言」になっているということだ。

孫は繰り返し半導体の進化を語る。それによって何ができるか。

「では、300年後の世界では何が生まれるか。ひと言で言うと、脳型コンピューターが生まれていると思います」

脳型コンピューターとは人間の脳のように自ら学習するコンピューターを指す。脳の働きを模してコンピューターが自ら学習する「ディープラーニング（深層学習）」が世界的なAIの開発ラッシュの火付け役となったのは、孫のスピーチから2年後のことだ。

カナダのトロント大学が画像認識の精度を競うコンテストで他チームを圧倒する成績をたたき出し、米グーグルがユーチューブを通じてコンピューターに自ら「猫」という概念を持たせることに成功した。この「グーグルの猫」もまた、AIのターニングポイントとして語られることが多いのだが、ここでは孫のスピーチに戻ろう。

「脳型コンピューターのチップがモーター、つまり人工筋肉とくっつくと、これはロボットです。人工知能を持った脳型コンピューターを搭載したロボットが、300年以内には一般化してくるでしょう」

そんなロボットが人類と共存するために欠かせないのが「感情」だと言う。

「ソフトバンクは一貫して情報革命を担っていくわけですが、この脳型コンピューターの継続的な革命で、優しさ、愛情の部分をロボットに提供していきたい。ソフトバンクはこのような脳型コンピューターを広めていきたい」

他でもない孫自身が「大ぼら」と言っているくらいだ。遠い未来の絵空事でも話しているのかと思った人がほとんどだっただろう。だが、孫が大まじめだったことが後に分かる。

孫はこのスピーチからちょうど4年後の2014年6月、唐突にヒト型ロボットへの参入を発表する。感情を持つロボット「ペッパー」だ。文字通りその頭脳となるべき脳型コンピューターを実現する半導体チップも手に入れる。2016年に電撃的に買収した英アームだ。

孫は絵空事のような300年後の世界を語っているようで、実はすでに布石を打ち始めていたのだ。それもまだまだ「入り口に過ぎない」と言う。

東証1部上場企業の「まっとうな経営者」が語るにしては、ちょっと壮大すぎる構想と言っていいだろう。語る内容が壮大すぎて当時はメディアにはあまり理解されなかったようだ。翌日の日本経済新聞朝刊が伝えたのは、孫の構想ではなく「後継者育成へ300人選抜」だった。小さく囲んだ決して目立つとは言えない記事である。

正直に言えば当時、自動車業界を担当していた筆者も「まあ、そんなもんかな」と思った程度で、いまさらながら自身の不明を恥じるばかりである。

側近は苦労人

300年王国建設に欠かせない孫の群戦略だが、ゆくゆくは5000社にも膨らませようというグループ集団をどう管理するか。出資先のグループ企業はすでに800社を超えている。サラブレッドの交配の中から飛びきりの優駿を育てるには優れた管理人が必要になる。

孫の管理業務の一切を任されたのが青野史寛である。がっちりとした体格にぎらりと光る目が特徴的な青野は孫の側近中の側近と言われる人物だが、数奇な運命をたどってソフトバンクの門をくぐった。

3歳の時に伊藤忠商事の商社マンだった父親を亡くした青野は、母親が体調を崩しがちだったこともあり、中学を卒業すれば働くという約束を母親と交わしていたが、毎月5万円を家に入れることを条件に横浜市立金沢高校に進学する。

高校時代は毎日、夕方4時から夜1時まで港南台駅前のレストランバーで働く生活を送った。日が暮れると近くの住宅街から客が集まりにぎわい始める。都心や横浜から帰ってきたサラリーマンの話を聞かされることも多かった。

薄暗い店に立つとあちらこちらから酔客の愚痴が聞こえてくる。元気があり余るティーンエイジャーとはいえ帰宅する頃にはいつもクタクタになっていた。ホールに流れるヒット曲と、とりとめもない大人たちの与太話。暗がりにただようタバコの煙——。それが青野の青春だった。

そんな青野の人生を変えたのが、高校3年で手に取った『時差は金なり』という本だった。三菱商事広報室がまとめたもので、世界中で奮戦する商社マンの姿が生き生きと活写されている。

インドネシアの孤島で森林開発に挑む男。日干しになった牛の死骸が転がる灼熱の砂漠で石炭開発に奔走する男。世界中を飛び交う情報をもとに戦う相場師たち——。そこには港南台駅前のバーにはない未来図が広がっていた。「もう言葉にならず、どひゃー、という感じでした」。全身が震え、血が煮たぎる思いがするのが自分でも分かった。

「俺も商社マンになる」

亡き父が歩んだ道を、自分も歩もうと決意したのが高校3年の11月だった。調べたところ三菱商事は高卒生を採用していない。すでにある工場での採用が決まっていたが一念発起して受験勉強に挑むことにした。

青野は1年間の浪人生活を経て慶應大学経済学部に進んだ。この大学・学部を選んだ理由は単純だ。三菱商事に進んだ学生の数が一番多かったからだ。授業料免除の特待生として入学し、将来はもちろん商社マンと決めていた。

4年生になり、三菱商事を含め主要商社の内定を次々と得た後のある日、伊藤忠の幹部から突然飲みに誘われた。

「君のお父さんのことを思い出すよ」

その幹部は青野の父親の同期だった。青野には父親の記憶はない。母親から生前の話を聞かされたくらいだったが、若手商社マンとして活躍した亡き父の話を聞くと「俺が父さんの分までやってやろう」という気になり、三菱商事ではなく伊藤忠を選ぶつもりになっていた。

ここで運命のボタンが掛け違った。

商社マンになるためには営業力を身につけておくべきだと考えた青野は、大学4年の半ばになるとリクルート横浜支社でアルバイトを始めた。当時はまだ新興企業だったリクルートではアルバイトにも社員と同じ名刺を持たせて飛び込み営業に回らせていたからだ。

迷ったあげくに青野が選んだのがリクルートだった。心機一転、リクルートでバリバリの営業マンを目指した青野はしかし、総務部人事課に配属される。嫌で仕方がなかったが入社2年目で創業者の江副浩正の秘書を任され、カリスマ経営者から直接薫陶を受ける機会を得た。

ある日、車で移動する江副の隣に座った時のことだ。江副が突然、「とらばーゆは最近どうなの」と尋ねてきた。答えに窮した青野は「とらばーゆは元気です！」と意味不明な返事をしてしまった。

「ダメだ、こいつは……」、とは江副は口に出して言わなかったが、冷たい空気が車中に流れた。青野はただただ恥ずかしいという思いで沈黙してしまった。

この一件を機に青野は仕事に対する取り組み方を変えた。準備なくして良い仕事はない。当たり前のことに気づいた青野に、江副は度々同じことを言って聞かせた。

「自ら機会を創り出し、機会によって自らを変えよ」

当時、リクルートの社訓とされた言葉で、今も青野の座右の銘となっている。典型的なモーレツ社員となった青野は42歳で再び人生の転機を迎えた。

「俺の夢に乗れ」

2004年6月だった。当時社員数1700人のソフトバンクが3000人を採用するとぶち上げた。軌道に乗り始めた「ヤフーBB」によるブロードバンド事業を広げるためだ。

リクルートのコンサルタントとしてアプローチしていた青野の携帯が鳴ったのはある夜のこと。リクルート子会社の社長になることがほぼ決まっていた青野が、自分の会社に入ってくる内定者との懇親会に顔を出していた時だった。夜中11時に東京・箱崎のソフトバンク本社で孫正義が会いたい、とのことだった。

スリッパで現れた孫は挨拶もなくいきなり「で、なんだっけ」から話を始めた。青野は今のソフトバンクが3000人も採用すれば1年もせず半分は辞めてしまうだろうと説明した。人を雇ってもろくな教育体制がないからだ。

「ただし、しっかりした教育体制を作れば、これはリスクではなく次世代のリーダーを育てるチャンスに変わります」

温めていたソフトバンク向けの人材育成プログラムを披露した。

「いいじゃない」

オーナー社長のひと言で即採用。あっさり決まった大型契約に気をよくしていた青野に孫が付け加えるように言った。

「お前いいな。ところで外部なの？」

青野は外来者用の赤色のストラップを首からぶら下げていた。孫とは名刺交換さえしていない。

「はい。外部です。リクルートの者です」

「お前、それだけやりたいんだったらそっち側の席じゃなくてこっち側に来いよ」

つまり、ソフトバンクに来いと言っているのだ。

「いや、移るつもりはありません」

その場ですっぱりと断ったが後日、青野の携帯に連絡が入った。孫の秘書からだった。

「孫がお会いしたいと申しております」

引き抜きの話だと、ピンと来た。

「もし違っていたら大変申し訳ないのですが、ソフトバンクさんに来ないかというお誘いだったら、その気はありません。孫さんにとっても時間の無駄になりますのでお断りします。ご確認いただけないでしょうか」

しばらくするとまた同じ秘書から電話が来た。

「孫が、いいから来てくださいと申しています」

しぶしぶ30分だけという約束で、青野は再び孫が待つ社長室に足を運んだ。もちろん、引き抜きの誘いを断るつもりだったが、孫が青野に切り出したのは給料やポストなど待遇のような細かい話ではなかった。

「お前は300年後の世界はどうなると見ているんだ」

「は？　えっと……そう言われましても」

完全に想定外の問いかけにうろたえる青野。孫が畳みかけた。

「今の世の中、おかしいと思わないか。それを変えるのは政治か官僚か、それともビジネスだろうか」

「ビジネスじゃないでしょうか」

「じゃ、それができる経営者は誰だ」

「孫さん……、かもしれませんね」

「そうだ。俺が変える。お前をやっと見つけたんだ。ウチのグループ800社をお前に預ける。俺は世界を変える。お前は、俺の夢に乗れ」

孫がぐっとにらみを利かせてくる。が、孫の目を見るまでもなかった。

「お前をやっと見つけたんだ」。その言葉が、青野の心をワシづかみにした。即答だった。

「はい、乗ります！」

青野は思わず答えていた。声がうわずっているのが自分でも分かる。

青野は結婚もしており子供もいる。しかもリクルート子会社の社長への就任が決まっていた。

「うわっ、俺はいったい何をしているんだ！　という感じでした。こちらも人事や採用はプロ中のプロです。採用の話になった時に人の心がどう動くかは分かっているつもりでした。ところがです。僕は百万馬力で来られても意思は変えないつもりだったのが、たったの30分で考えが変わっていました。不思議としか言いようがないですよ」

青野自身がこう振り返る。その夜、妻の正子に告げた。

「俺、会社を替えるわ」

「え、どこに行くの？」

「ソフトバンク」

「もう決めてるの?」

「うん、決めてる」

「いつ?」

「さっき」

「じゃ、しょうがないわね」

青野はリクルートで頭角を現し始めていた頃、志願してリクルート本体を辞職して子会社に転籍したことがある。腰掛けと思われるのが嫌で退路を断つつもりだった。そんな経験から、妻も慣れたものだった。こうして孫は300年王国建設へと向かうための頼れる側近を手に入れた。

サウジの若き実力者

300年王国建設に向けた孫にとって欠かせない手段が、投資を通じたグループ作り、つまり群戦略であることはすでに述べた。だが、孫には避けて通れない制約がある。2016年末時点で13兆円超にも膨らんだ負債である。「(世間で大型M&Aと言われる）数千億円くらい、ウチにとっては小口現金みたいなものだ」と豪語する孫が繰り返した大型投資のツケでもある。

13兆円と言われても、もはやピンと来ない規模の金額だが、この当時で言えばちょうど東京都の年間予算に相当する。東京都の予算はよく「国家予算並み」とも言われるが、実際、スウェーデンと同じくらいの規模である。それを一企業が抱えているわけだから、孫は類を見ない借金王とも言える。

借金でバランスシートが傷むことをためらわず、攻めの投資を続ける経営スタイルは昔から変わらないが、さすがに限度を超えてきたことは孫も認識している。だが、それでは300年王国は築けない。

「最近、色々と反省することが多い。目の前のことに忙殺されてどうも保守的に、固く、小さくまとまっているんじゃないかと。小さな構えじゃ意味がない。もっと積極的にテクノロジーの進化をリードしないといけない」

日本企業として過去最大の3兆3000億円のアーム買収をまとめた直後の孫の弁である。

借金を気にせずグループ5000社の「群戦略」を実現するにはどうすればいいのか。

そんな悩みを持ち始めた孫の前に現れたのが、アラブの王族だった。サウジアラビアの実力者として知られる副皇太子、ムハンマド・ビン・サルマンだ（２０１７年に皇太子）。

２０１５年に父サルマンが国王に即位すると30歳で国防相と王宮府長官、国王特別顧問に任命された。すると早速、国防相として軍を統率し、イエメンの内戦に軍事介入した。実質的に父サルマンの政権を代行しているとされ、イランとの国交断絶などにも深く関与している人物とされる。

軍を率いる一方で経済開発評議会議長の顔を持ち、彼が掲げた「サウジ・ビジョン２０３０」が世界のエコノミストの間で話題となった。石油依存からの脱却を宣言したからだ。

１９３８年にペルシャ湾に面するダーラン近郊でダンマン油田が発見されて以来、サウジは世界一の埋蔵量を誇る石油でしばしば世界の政治・経済を揺さぶってきた。それだけに、サウジの若き改革者が掲げた脱石油依存計画には中東ウオッチャーのみならず、世界中から注目が集まっていた。

２０１６年9月3日、東京・赤坂の迎賓館。その若き改革者のもとを訪れたのが孫だった。ムハンマドは初来日に合わせて数々の財界人と面会したが、孫との会談は特段、印象的だったようだ。サウジ国営通信に2人が談笑する様子を配信させていることから意気投合ぶりがうかがえる。

実はこの日、本来なら孫は極東ロシアのウラジオストクにいるはずだった。安倍晋三とウラジミール・プーチンによる日露首脳会談に同行し、電力大手ロシア・グリッドの首脳と会談する予定だった。孫は予定をドタキャンしてまでサウジの若きリーダーとの会談を選んだ。

東京土産と水晶玉

孫の持ち時間は10分。

ここで孫の真骨頂とも言える大風呂敷が炸裂する。やや眠そうな表情で現れたムハンマドに、孫はいきなりかました。

「せっかく日本に来られたのに手ぶらでお土産もなしにお帰りいただくのはもったいない。そこで私からの東京土産として1兆ドルほどプレゼントしたいと思います」

「ん?」

ムハンマドの表情が変わった。１ドル＝１００円で換算しても１００兆円。それをプレゼントすると言われれば、いかに巨万の富を握る中東の実力者でも驚きを隠せない。つかみは上々だ。

「私は本気ですよ」

孫が切り出したのは空前絶後の投資ファンド設立構想だった。総額10兆円ものファンドを創りたい、ついてはこの話に乗らないか、ということだった。

孫が投資すると言えばそれは将来有望なスタートアップ企業だ。ところが世界中のベンチャー・キャピタルを集めても６兆円ほど。そこに10兆円の巨大ファンドで乗り込むと言う。

孫には自信があった。孫流投資には失敗も多いが、数々の失敗を帳消しにしてしまうような大当たりをいくつも引き当てた実績がある。

一般にファンドの投資実績を示す「内部収益率（ＩＲＲ）」は、ソフトバンクが持ち株会社制に移行した１９９８年以降、18年間で44％を記録している。ソフトバンクは持ち株移行前の投資案件で失敗銘柄が多いためやや恣意的な数字とも言えるのだが、その分を差し引いても圧倒的な数字と言える。

それをムハンマドの前で誇らしげに語ったのだった。

「1兆ドルのプレゼント」はあくまで例え話だ。だが、孫には自信があった。サウジは脱石油を掲げるものの、言ってみれば持っているのはカネだけだ。投資の実績もなければ、今から産業を育成するにも時間がかかりすぎる。そこを突いたわけだ。

孫の話はここで終わらない。

「20世紀に神はあなたに最高の贈り物を与えられたと思います。それは石油です。ところで、21世紀にもし私が神にひとつだけそんな贈り物を与えてくださいと願えるなら、私は未来を見通せる水晶玉が欲しい」

そこで話は最近の巨額買収に及ぶ。

「我々は最近、アームという会社を買収しました。今から20年間で1兆個ものアームの半導体を世界中にばらまこうと計画しています。そこから得られる膨大なデータを分析していけば、それは何か。そこに、何が映るでしょうか。それこそが21世紀の水晶玉だと、私は考えます。つまり、神はあなたに最高の贈り物を2度与えることになるかもしれません」

2016年10月13日。孫はサウジの首都リヤドに飛んだ。5年間で、ソフトバンクが250億ドル、サウジが450億ドルを拠出し、残りは他から出資を募ることで合意した。

笑顔でファンド設立の覚書に署名すると、そのまま車に乗り込み砂漠を走って空港に向かった。孫は慌ただしくプライベートジェットに乗ると東京へと飛んだ。

東京では初来日している米アップルCEOのティム・クックと会食する予定だったが、どうしても間に合いそうにない。

「悪いけど、予定をずらしてもらえないだろうか」

アップルにとって日本が重要な市場であるだけでなく、多くの日本企業にとってアップルは最も大切な取引先である。クックは京都の任天堂本社を訪問するとそのまま新幹線に飛び乗り、東京・表参道のアップル直営店に姿を現した。その合間を縫ってKDDIやNTTドコモの社長とも会うなど、文字通り分刻みのスケジュールをこなしていた。孫はそれを直前になって変更してくれという。

「やあティム。久しぶりだね」

リスケジュールされた夕食の席で孫は、中東への弾丸出張の疲れも見せずに、そして悪びれる様子もなくクックを迎え、右手を差し出した。

ところで、持ち時間10分だった赤坂迎賓館での副皇太子との会談は結局、45分に及んだ。孫は不敵に笑う。

「45分で450億ドル。1分で10億ドルか。まあ、悪くないな」

宮本武蔵と織田信長

こうして立ち上げた10兆円規模のソフトバンク・ビジョン・ファンドを率いることになった孫は、世界中のスタートアップに猛烈な勢いで投資していく。出資先の顔ぶれは実にバラエティーに富む。

中国発のショート動画「ティックトック」、ライドシェアの米ウーバー、シェアオフィスのウィーワークをはじめ、DNA解析や衛星通信、自動運転、Eコマース、フィンテック、さらに犬の散歩アプリやピザの配達、変光ガラスまで――。その数はあっという間に400を超えて10兆円を使い切ってしまったため、2号ファンドを立ち上げるに至る。

出資先のスタートアップは実に多彩な顔ぶれに見えるが、ひとつだけ共通点がある。いずれの出資先もＡＩをコアテクノロジーとしている点だ。

巨大ファンドを率いることになると、孫は「ソフトバンクは投資会社になった」と公言するようになった。ただし、単なる投資会社ではない。言うまでもなく、投資は長年温め続けてきた群戦略をかたちにするための装置にすぎない。

孫はソフトバンクの「本業」を投資会社と言う一方で、その目的についてはこんな表現を使うようになる。

「ＡＩスタートアップのコンダクター（指揮者）になる」

「ソフトバンクは情報革命の資本家になる」

あるいは一家で金融や石油、不動産などを手分けするようにして産業革命を支えたロスチャイルド家に自らの目指す姿を例えたこともある。言わんとするのは、世界中で新たに生まれてくるＡＩ企業の「群れ」を一手に束ねる「王国」を築くということだ。

筆者の取材に対しても、こんな風に語ったことがある。

「もし宮本武蔵が織田信長と一対一で向かい合ったら、信長に『あんた弱いね』と言うと思う。でも、逆に信長は一瞬でも武蔵をライバルとは思わないでしょうね。相手がいかに優れた剣豪であっても（信長にとっては）戦う競技そのものが違うということとです。おこがましいが、僕はどんなに優れた世界トップの会社も一瞬もライバルだと思ったことはない」

孫が目指すのは剣の道ひとつに生きる剣豪ではなく、世界の剣豪を束ねる武将というわけだ。ここで言う剣豪は言うまでもなくＡＩで世界を変えてやろうというスタートアップの起業家たちのことを指す。その剣豪もいずれは腕が衰える。最強の「武」のありかたも時代とともに刀から火縄銃、砲弾、航空機へと移り変わっていく。

武将たる者は時代の趨勢《すうせい》を読みながらつねに最強の武の形を追い求め、自らの手に収めることが求められる。武蔵と信長の例えで言わんとするのは、そういうことだろう。そのためには巨額の資金が必要となる。孫にとっての巨額ファンドは信長の武を支えた楽市楽座といったところか。孫はこう続けた。

「『自分のテクノロジーや商品を世界一にしたい』というのは、僕にとっては『最高の鉄砲を作りたい』と言っているに等しい。僕は優れた鉄砲を作るのではなく、（優れた鉄砲鍛冶たちを束ねる）群戦略で、優れた群れで情報革命を実現しようと思う。もし僕がいなくなっても、群れを動かす仕組みは３００年続くかもしれない。僕はそっちで天下をとりたい」

こう語る孫が意気揚々と着手したＡＩスタートアップへの投資戦略。だが、しばらく経つと大きな試練に直面する。２０２０年から世界を襲った新型コロナウイルスによるパンデミックだ。投資先の評価損が膨らみ、ソフトバンクグループは数兆円単位の損失を計上するようになる。あくまで帳簿上の未実現の損失がほとんどのため、それによって経営が揺らぐものではないが、さすがの孫も「しばらくは守備固めに専念する」と言い、投資を棚上げして手元に現金をかき集める決断を下した。

ただし、孫はこうも付け加えた。

ソフトバンクにとって現金は守備固めのための「馬防柵」のようなものだ、と。

言うまでもなく長篠の戦いで信長が鉄砲隊を守るために築いたものだが、柵の中からは火縄銃の銃口が不気味な鈍色《にびいろ》をたたえながら、襲いかかる武田の騎馬隊に照準を定めている。

「パンデミック？　そんなものは僕に言わせれば誤差みたいなものだ。これからＡＩはすさまじい勢いで我々の社会を再定義していく。その伸びを考えれば、一時的な停滞に過ぎない。だから誤差なんだ」

コロナ禍だけではない。世界はいつの時代も不確実性を抱えている。この先もそうだろう。米中の政治的対立、世界的な景気変動の波、巨大な影響力を持つに至ったテクノロジーに対する懐疑論……。いくつもの不確定要素が我々の行く手に待ち構えている。

だが、孫に言わせれば、それも一時的な「ノイズ」に過ぎない。人類の歴史はAI革命という史上最大のパラダイムシフトの入り口に差し掛かったばかりに過ぎない。300年どころか10年単位で未来を見通せば、数兆円の損得など誤差に過ぎないということだ。

このあたりが、この人が「大ぼら吹き」、あるいは「生粋のリスクテイカー」と言われる所以《ゆえん》だろうが、その哲学はまだまだ無名だった頃からなにも変わっていない。次章からは若き起業家・孫正義がどうやってのし上がってきたのか、その経緯をたどっていきたい。

第4章

旗揚げ

創業・目指すはロックフェラー

PHOTO

佐々木正（右）は孫正義（左）が起業してからも良き相談相手となった

ミカン箱で語った夢物語

ソフトバンクという会社は本社を転々としてきた。現在は長年入居していた米ヒルトン・グループの最上級ホテル「コンラッド東京」が入る東京・汐留のビルから、すぐ近くにある竹芝のビルに移ったが、会社の成長に合わせて次々と場所を変えてきた。

本社に関して孫正義にはこだわりがある。そんな孫の本社哲学を聞かされたのが、ソフトバンクの「営業3人衆」の1人である今井康之だ。2000年に40歳でソフトバンクに転職する以前、ゼネコンの鹿島で営業マンとして鳴らした今井が目を付けたのが、当時、若手起業家として飛ぶ鳥を落とす勢いの孫だった。1990年代の初め頃のことだ。

「ソフトバンクも大きくなってきました。ここらでひとつ、本社ビルの建設を考えられてはいかがですか」

今井は以前から付き合いを続けていた孫に切り出した。ところが、孫の返事は取り付く島もないものだった。

「俺はそんなもん建てないよ。そもそも、なんで本社ビルなんて建てる必要があるんですかねぇ。それって自分の会社の枠を自分で決めるようなもんじゃないですか。ソフトバンクの枠はこれからどんどん広がっていく。ビルなんか建てても、そんなのすぐに目いっぱいになるだけですよ」

今井はゼネコン営業マンの立場から「面白くない人だな」とがっくりきたが、よくよく考えてみると、いかにもこの男らしい考え方だと妙に納得したものだ。

２０２４年3月の時点でグループで約６万５０００人強を抱え、東京の本社でも１万人近くが働くソフトバンクだが、始まりはたったの２人。しかも木造モルタル造の古びた雑居ビルの２階の、エアコンもない一室だった。

場所は福岡市博多区竹丘町。このあたりでは雑餉隈《ざっしょのくま》と言った方が通りがいい。博多の中心地から南東に電車で15分ほどの距離にある。現在も古い商店が立ち並び昭和のなごりを感じさせる雰囲気だが、当時はいかにも歓楽街然としたもっと猥雑な空気が流れていたという。

１９８１年3月、カリフォルニア大学バークレー校を卒業して日本に戻っていた23歳の孫は、ここでユニソン・ワールドという企画会社を立ち上げた。

たった２人のアルバイトに孫が語った「夢物語」は、孫の立身出世話を描いた数々の伝記本では定番のエピソードだ。

「いずれは売上高を、豆腐のように1丁（兆）、2丁（兆）と数えるようにしたい」

ミカン箱の上に乗っての演説だった。これを聞いた2人はいずれもこの童顔の23歳の大ぼらに付き合う気が失せ、間もなくユニソン・ワールドを去った。

若き日の孫の夢物語はそれから25年後の２００６年3月期に実現する。この年、ソフトバンクの売上高は初めて1兆円を突破した。ソフトバンクの成長曲線はその後10年でさらに加速し、今では売上高10兆円達成も射程圏内に入るほどの巨大企業となった。

ちなみに今でも東京・竹芝の社長室にはミカン箱が置かれている。言うまでもなく、誰にも信じてもらえなかった夢物語を語っていた頃の初心を忘れないためだ。

同じ目をした男

厳密に言えば、孫がユニソン・ワールドを立ち上げたのはこれが初めてではない。

カリフォルニア大バークレー校の学生時代にシャープの佐々木正に売り込んだ音声機

能付きの電子翻訳機。その開発のためにバークレー校の隣に設立したMSPEECH INCを、シャープとの契約後にユニソン・ワールドと改称していた。

孫の目力の印象が鮮烈だったと言う佐々木は、孫が在学中に米国出張のついでにこの初代ユニソン・ワールドを訪れている。

「会社というよりパソコンの同好会みたいな場所でね。大学の門の近くのビルの2階。確か1階にはタバコ屋さんがあった。孫君は相変わらず目をキラキラさせながら話していたけど、彼と一緒にいた青年のこともよく覚えていますよ。同じような目をした男だったなぁ」

佐々木は筆者の取材に応じた当時ですでに101歳になっていたが、その時の様子をよく覚えていると話してくれた。その同じ目をした男こそが、孫の最初の同志であるホン・ルーだった。小柄な孫と違って背が高くスラッとした印象だった。

ホンは孫と同様にバークレー校に通い土木工学を学んでいたが、2人の出会いはアイスクリーム店だった。ホンは当時、バークレー校があるオーランドでは有名だったアイスクリーム店でアルバイトをしていた。そこを訪れたのが孫と、後の孫の妻である大野優美だった。

注文通りこってり味のミルクでなければカネを払わないとわがままを言う孫に、ホンが作ったアイスクリームを差し出して、孫が納得したところから2人の友情が始まったというのは有名な話だ。

孫より3歳年上のホンは台湾生まれだが、6歳で両親とともに日本に渡り都立城南高校を出ている。当然、日本語ができる。孫は米国に渡った直後は英語を習得するため日本語を全く話さなかったが、この頃にはすでに英語も流暢になり日本語も解禁していた。

孫にとって恩人の1人となる藤原睦朗は、孫の紹介で1982年にまだ20代だったホンとサンフランシスコで会っている。その時の印象を聞いた。

「ホテルのロビーで待ち合わせしたのですが、ホン・ルーさんは身長が190センチくらいあるからすぐに分かりました。とにかく几帳面な人で、私が帰国した後も米国の最新情報をファクスで知らせてくれるのです。すぐに信頼できる人だと思いましたね」

「孫さんからは『清く正しく美しい人間です』と聞いていたけど、会ってみると全くその通り。今どきこんな素晴らしく礼儀正しい人間がいるのかと思ったくらいで、強烈な印象でした。古き良き日本人の原型を見たような気がしますね」

大阪の家電量販店、上新電機の実力者だった藤原は後に米国で事業を興したホンを支援した。ホンが創業したUTスターコムが中国に進出する際、ホンは藤原のもとを訪ねて上新電機に出資して欲しいと嘆願した。

出資額はわずか1億円だったがUTスターコムが米ナスダック市場に上場するとその価値は数十倍に膨らんだ。この後、上新電機はみるみる業績が悪化したが、このUTスターコム株のおかげでなんとか命脈をつないだという余談もある。

そんなホンに、孫は初代ユニソン・ワールドの「雑事」を託して2人の学生の二人三脚が始まった。資金は佐々木から得た1億円のうち、協力者に支払った残りで捻出した。

孫が目を付けたのが当時、日本で社会現象となっていた「インベーダーゲーム」だった。テーブルと一体になっており喫茶店などに置かれ、若者が列をなしていた。

「このブームは終わりも早い」

そう見切った孫は型落ちとなったインベーダー機を買い付け、米国に送った。1台100万円もするこの機械を5万円で買ったというから輸送費を補って余りある。これがヒットして初代ユニソン・ワールドの経営は軌道に乗った。

孫は後にソフトバンクを立ち上げてから自らの経営手法を「タイムマシーン経営」と呼んだ。米国の情報革命は日本より先を行っている。ならば米国で芽吹いたビジネスを日本に輸入すれば良い。日米の時差を利用するためタイムマシーンなのだが、最初のタイムマシーンは逆に日本発米国行きだったということになる。

大学を卒業すると、孫はホンに告げた。

「俺は日本に帰る。日本で事業を始める」

日本でいわれなき差別に心を痛めた青年にとって、カリフォルニアの自由な空気は何ものにも代えがたいものだったはずだ。しかも事業は軌道に乗り、信頼できる同志も得た。それでも孫は帰国の道を選んだ。理由は単純だった。「大学を出たら帰国する」。日本を旅立つ時の、母との約束だったのだ。

初代ユニソン・ワールドを盟友のホンに託して孫は家族が待つ福岡へと向かった。

旗揚げ

雑餉隈の雑居ビルで立ち上げた2代目ユニソン・ワールド。だが、孫は何をやるかを決めていたわけではない。これから始めることは、自らの人生を懸ける事業だ。安易に決めるわけにはいかない。

この当時から孫の思考法は今と変わらない。とにかく思いつく限りの選択肢を、まずは考え抜くのだ。後に孫の右腕となった三木雄信が「孫さんの発想の根底には、量が質に転化する、との考えがある」と証言するように、まずは候補となるものをとことん挙げてから絞り込む。千本ノックやサケのふ化理論につながる思考法だ。

ただし、さすがにカネもコネもない23歳の青年がなんでも、というわけにはいかない。事業の条件をノートに書き込んだところ25項目となった。「若くてももうかる」「ユニークである」「日本一になれる」――。

では、その25カ条で何ができるのか。コンピューターの機械から光ファイバー、病院チェーンなど40ほどのアイデアが浮かんでは消えた。

孫は25カ条に点数を付けて徹底調査した。「1丁、2丁……」の大ぼらを聞かされて孫に見切りを付けた2人の従業員は、この調査のために雇われていたのだ。頭の中にずっとあったのは情報革命だ。あの雑誌で見たコンピューターチップの衝撃は、すでに孫が取るべき航路へと導いていた。

「脳がちぎれるほど考えろ」は孫が好んで使う表現だが、この時はひとり黙々と考え続けた。人生を懸ける事業は何か。気づけば1年が過ぎていた。

米国で知り合った大野優美とは日本でも入籍し、彼女のおなかの中には1人目の子が宿っていた。当然、この間の収入はない。ただただ、考えるだけ。浪人生のような生活だ。焦りがないと言えば嘘になるが、妥協するつもりもなかった。

ついに孫が選んだのが、コンピューターソフトウエアの流通業だった。当時はまだパソコンが普及していない。いずれコンピューターによる情報革命が始まるが、いちからパソコン本体を作るには莫大な開発費が必要だし競合も多い。ならばソフトウエアはどうか。

当時のソフトは作り手がバラバラの黎明期だった。最大手のハドソンでさえ一般には知られた存在ではなく、コンピューター好きが作ったプログラムを音楽用のカセットテープに録音し、雑誌を通じて売買していた程度だった。要するに、ソフトウエアの流通網が未発達だったのだ。

だったら、それを作れば大きなビジネスになる。そもそもソフトはコンピューターの肝だ。いずれとてつもなく大きく成長するだろう。

そう思った孫はソフトを一手に扱う会社を作ることを決心した。ちょうど銀行にお金が集まるように、ソフトが集まる会社だからソフトバンクだ。

やることは決まった。あとは勝負するだけだ。いよいよ事業家として旗揚げしようとする孫に助言したのが、大恩人の佐々木正だった。

「九州でやっていたのではダメだ。東京に出てきなさい」

佐々木の考えでは、パソコンソフトという新しい産業で挑戦する以上、人も情報も集まる東京でなければビジネスが広がらない。どんなに大きな絵を描こうとも、ベンチャー企業としてできることは、少なくとも駆け出しの頃はしょせん限られている。最先端の情報や人が交錯する東京でなければ、佐々木が言う「共創」が起きる種さえ限られてくる。

鳥栖の無番地で生まれ福岡で育った孫にとって東京は縁もゆかりもない土地だ。だが16歳で高校を中退して単身渡米した孫にとって、それがさしたる問題とは言えなかった。

1981年9月、福岡を後にした孫は東京・麴町に「日本ソフトバンク」を設立する。オフィスは非営利団体、日本総合研究所の一部門である経営総合研究所が持つビルの2階の一角を借りることにした。夕方になると西日が差し込む小さな部屋だった。

その年の12月24日、クリスマス・イブの日は日本の広い範囲に強烈な寒波がやってきた。立石勝義はＪＲ小倉駅で、数カ月前に出会った不思議な若者を待っていた。立っていると早くも底冷えがする。だが、あの目を輝かせながらしゃべり続ける若者は自分の人生を大きく変えるかもしれない。いや、きっと変わるのだろう。そんな予感がした。

時計の針をやや巻き戻す。立石の記憶ではこの年の夏だった。地元・福岡にある住宅会社で働く立石は、会社の税理士から「面白いから」と言われてある会合に出席した。マネジメント・ゲームといって、あたかも会社の経営者になったかのようにプレーする。何人かでテーブルを囲んで会社の成長を競い合うのだ。日本総合研究所が各地でセミナーを開いていたのだった。

「あれ、植松？　なにしょっと？」

そこで偶然再会したのは同じ住宅会社で後輩だった植松逸雄だった。会社を辞めたとは聞いていたが、雑餉隈にできたばかりのユニソン・ワールドという会社に再就職したという。

なんでも、8歳も年下の社長に口説かれてこの零細企業に手を貸すことになったという。その男もその場にいたので紹介してもらった。

「孫」という明らかに日本人ではない名を名乗った男は、立石より13歳も若い計算になる。右向きになでつけた長髪に童顔、それに少年のようなキラキラした目が印象的だった。その若者が堰を切ったように話し始めると、もう止まらない。

「僕はこれを開発してシャープと契約したんですよ」

そう言って若き孫正義が風呂敷から取り出したのが、佐々木に売り込んだあの音声機能付き電子翻訳機だった。立石は当時をこう振り返る。

「孫さんがその時に何を話していたのか、はっきり言ってよく覚えていません。ただ、良い笑顔の人だな、と。それだけをすごく覚えています」

かつての同僚の植松が思いつく限りの形容詞を使って褒めそやすその若者が何をやろうとしているのかにはあまり興味がなかった。この出会いの少し前に植松はやはりマネジメント・ゲームのセミナーで孫と出会い、以前から興味のあったコンピューターの仕事をやろうと熱心に誘う孫青年に根負けして、勤めていた住宅会社を辞めたのだという。

植松とは違って立石はコンピューターというものに興味はなかったが、とにかくよくしゃべる孫正義という青年のことは、立石の記憶に強くすり込まれていた。

少したった頃に立石のもとに、植松からしつような誘いの電話が入った。

「立石さんも俺らと一緒にやりませんか」

ちょうどこの時期、立石が勤める住宅会社の親会社が倒産した。それを知ってか知らずか、また植松が誘いの電話を寄越してきた。

「今度、ウチでコンピューターのソフトウエアの卸を始めることにしました。この仕事は伸びますよ。立石さんもこっちに来てくださいよ」

立石はコンピューターと言われてもピンと来ない。そもそもソフトウエアってなんだ。でも、今勤めている住宅会社が経営危機に陥っている。自分に選択肢がないことは分かっていた。

立石には他にも転職の口はあった。この時期は日本経済が1978年の第2次石油危機から立ち直り、後のバブル経済へと続く好景気の入り口に差しかかっていたのだ。

探せばいくらでも仕事はある。でも、あの妙な若者が気になって仕方がない。立石は思い切って聞いたこともないソフトウエアの流通業者という新しい職場に飛び込むことにした。

「お世話になるよ」

そう言うと、植松は立石が思ってもいなかったことを口にした。会社を東京に移転させたというのだ。当時、下関に自宅があった立石は数日迷ったが、やはりあの妙な魅力がある若者に賭けてみようと思った。

「では今度、僕が九州に行くからそこで会いましょう」

孫はそう言って小倉駅を面会の場に指定してきた。


凍えるように寒い駅の近くで、立石は孫と再会した。ところが孫は会うなりなんともせわしない。手には大きな紙袋を抱えている。孫はそのまま博多まで新幹線で行かないといけないと言い出したが、それだけではなかった。

「すいませんけど、これ、持っていてもらえませんか」

孫はそう言うと大切そうに持っていた紙袋を立石に手渡して近くの公衆電話へと走っていった。紙袋には大量の書類でも入っているようで、ズシリと重い。

孫の電話はなかなか終わらない。立石はむっとするより、むしろ寒さがこたえた。

「ちょっと、近くで待ってますね」

その辺にある喫茶店にでも入ろうと思った立石に、孫が耳から受話器を離していきなり叫んだ。

「ちょっと待って！ そこにいてください！」

声の勢いに押されてぼうぜんと立ち尽くす立石。ようやく電話が終わると孫が急いで立石のもとに駆けつけた。

「いや、すいませんでした。その中には大事なものが入っているんですよ」

立石が渡された紙袋には数千万円分もの札束が入っていることを知らされた。

「すいません。時間がないので新幹線の中でいいですか」

慌ただしく博多行きのきっぷを買う孫に、立石は従うしかなかった。すいませんと言いつつ、全く悪びれる様子もない。新幹線なら博多は目と鼻の先である。その間、孫はとにかくしゃべり続けた。シャープが発売した小型コンピューターのポケコンのプログラム集を売って当面の資金をつないでいるとのことだったが、孫は目を輝かせてこう言った。

「でもね、これからもっと大きな仕事が始まるんですよ」

聞けば、大阪で開かれたエレクトロニクスショーというイベントをきっかけに大型の商談が舞い込んだという。それは産声を上げたばかりの日本ソフトバンクにとって、いきなり存亡の危機がかかった大仕事だった。

立石が手渡された紙袋の中の大金はこの勝負に打って出るための軍資金だったのだ。

奇襲作戦

立石が寒さに震えながら孫を待ったクリスマス・イブの日から約2カ月前の1981年の10月だった。孫がその1カ月前に立ち上げたばかりの日本ソフトバンクは、デビュー戦から大ばくちを打った。

この当時の日本ソフトバンクの資本金は1000万円。しかもその半分は事務所を間借りする経営総合研究所が持っていた。孫はその1000万円の資本金のうち、800万円を投じて大阪のエレクトロニクスショーに出展することを決めた。

名もなき零細企業である日本ソフトバンクが松下電器産業（現パナソニックホールディングス）などと比べても遜色《そんしょく》のない規模のブースを出展するのだが、これは孫が仕掛けた奇襲作戦に他ならなかった。

コンピューター用ソフトウエアの流通業という、これまでにないサービスで旗揚げする。まずは自分たちがどれほど多くのソフトを集められるのか、顧客から見れば日本ソフトバンクを通せばどれだけ多くのソフトを容易に入手できるのか、コンピューター業界の関係者に広く知らしめる必要があると考えたのだ。

そのためにはまず、当時ソフトハウスと呼ばれたソフトウエアの作り手たちとのネットワークが不可欠となる。立石が加わる少し前、孫と植松はソフトの作り手を探し回っていた。

「今度の大阪エレクトロニクスショーに御社も出展しませんか」

植松は東京・日本橋の内外データサービスに飛び込み営業をかけた。内外データはこの頃、給与計算など業務用のソフトを作っていた。応対した清水洋三はラジオ番組のディレクターを経て、この当時は内外データの営業本部長を務めていた。

差し出された名刺には日本ソフトバンクという聞いたことのない会社の名前が刷り込まれている。

（エレクトロニクスショーの営業か？）

清水は即座に断った。エレクトロニクスショーにブースを出すカネなどないと思ったからだ。

「そうではありません。出展にあたって御社から費用は一切いただきません。交通費と宿泊費だけご用意ください」

詳しく聞けば植松はソフトウエアの流通業という新しいサービスを始めたという。

だから日本ソフトバンクがエレクトロニクスショーにブースを出し、そこに内外デ―タが作るソフトを提供して欲しいというのが植松の話だった。カネがかからないというのも魅力だが、面白いことを考えるものだと感心した。うまくいけば将来の販売ルートができるかもしれない。

「その話、乗ったよ」

清水は社長の了解を取らずにその場で決めてしまった。数日後に麹町の日本ソフトバンクを訪れると、24歳の青年社長が待っていた。話は3時間に及んだ。孫は初対面の清水にソフトウエアを扱うビジネスの意味を語り続けた。

「パソコンの年間販売台数は今から数年内には自動車の販売台数を抜くでしょう」

そのためにはソフトが必要になるし、逆にソフトの発展こそがパソコンの成長を後押しすると言う。米国でコンピューターに没頭した孫から聞かされる話は清水にとってどれも新鮮だった。孫はただ単にビジネスを語るだけではなかった。

「清水さん。今日、私が清水さんとお会いしたことを、私はまず大宇宙から考えるのです。まず大宇宙があって、その次は銀河系。銀河系の次は太陽系。太陽系の次は地球。地球の次は世界です。アジア、日本、東京、麹町。そして清水さんと今こうしてお会いしているのです」

今までに聞いたこともないような大げさな表現であり、これだけ聞くとかなりうさんくさい感じの営業トークに思える。だが、目の前の孫は真顔で自分との出会いがいかに大切かを語ってくる。当時47歳だった清水にとって、なんとも変わった若者だなと思いつつも、悪い気はしない。

若い頃の孫はよく「ジジ殺し」と言われた。佐々木正をはじめ自分よりずっと年長の協力者を次々と得て頭角を現していったからだ。コンピューターの将来性と自分の夢を熱っぽく語る童顔の孫から、その目を輝かせながらこんな風に言われたら思わずその気にさせられてしまうのかもしれない。

内外データは日本ソフトバンクが募る大阪エレクトロニクスショーへの出展第1号となった。孫と植松はこんな調子で出展者を探し、結局、13社の協力を取り付けた。もちろん費用はすべて日本ソフトバンクが持ち、前述の通り孫はそのために資本金1000万円のうち800万円をつぎ込んだ。

コンピューターと言えば一般にはまだ米ＩＢＭの大型コンピューター「メーンフレーム」を指していたこの時代。米アップルが1977年に発売した「アップルⅡ」が米国内で静かなブームを巻き起こしていたが、日本では個人向けのマイコン、今で言うパソコンそのものがまだまだ一部のマニアだけのものだった。

当然ながらソフトウエアには市場と呼べるようなものはまだなかった。エレクトロニクスショーの主役はあくまでも家電で、1981年のこの年のショーでも注目の的とされたのは日本ビクターが開発した光ディスクだった。そこに孫の日本ソフトバンクが巨大なブースを構えて大量のソフトウエアを展示したのだ。

結果は大盛況だった。並み居る大手家電メーカーを押しのけて日本ソフトバンクのブースには黒山の人だかりができた。ただし、孫と植松には誤算があった。

内外データなど13のソフトハウスは日本ソフトバンクのブースに社員を派遣していた。商談はその場で始まる。ソフトハウスの出展者と来場者が直接商談し、その間に立つべき流通業者の日本ソフトバンクは露骨に「中抜き」される形となった。

孫が語るソフトウエアの夢に賛同した13社だが、目の前にお客が現れて商談を申し込まれるとやはり中間業者の日本ソフトバンクを通してくれとは言えない。結果的に日本ソフトバンクは800万円をほぼ顔見せに使っただけでまともな商談は取れなかった。

孫の奇襲作戦は失敗に終わったかに見えた。歴史に「もし」はないのだろうが、今考えれば、この直後にやってくる運命的な出会いがもしもなければ、孫の野望はこの段階で早くも潰えていたのかもしれない。

小松左京の挑発

大阪の歓楽街ミナミに近い日本橋は戦後から電子部品を扱ういわゆるパーツ屋が集まり、東の秋葉原に対して西の「ぽんばし」あるいは「でんでんタウン」と呼ばれている。そこに前代未聞の巨大コンピューター専門店を建てたのが、大阪に拠点を置く家電量販店の上新電機だった。

1981年10月24日に3フロア合計300坪の売り場面積を持つ「J&Pテクノランド」をオープンさせると即日超満員となり、在阪の主要メディアが殺到した。初日の売上高は1080万円を記録した。上新電機の年間売上高が5000万円だった当時、予想もしていなかった大反響だ。一部のマニアだけのものと思われていたパソコンの時代の到来を強烈に印象づける出来事だった。ちょうど孫が同じ大阪で開催された大阪エレクトロニクスショーでの奇襲に失敗した2週間ほど後のことだ。

秋葉原のコンピューター店が大きくても10坪ほどだったこの時代に、中堅の量販店だった上新電機が突如、300坪もの巨大コンピューター専門店を開いたのはひょんなきっかけからだった。その年の5月、まだ孫が福岡で将来の事業を決めかねていた時期に、大阪で地元経済人が集まる会合があった。

「大阪をあんじょうする会」

あんじょうするは大阪弁で「良くする」という意味だ。あんじょうする会の中心メンバーだった作家の小松左京が、でんでんタウンの活性化を促すため上新電機の名物社長、浄弘博光に会いたいと言ってきた。

小松左京と言えば1973年に刊行されたSF小説『日本沈没』が大ベストセラーとなったことで知られている。その小松が「浪花のエレクトロニクス文化を育てる」というテーマで浄弘と語り合いたいと言うのだ。

「そないな有名人が来るんやったら」ということで浄弘は右腕だった藤原睦朗に同席するよう指示した。藤原はその時のやり取りを昨日のことのように覚えていると言う。

小松は浄弘に会うなりこう言い放った。

「大阪の日本橋は東京の秋葉原と比べたら全然あきませんな。秋葉原やと去年、パソコンを1000台も売った店があるらしいですけど、日本橋はどないですか？　からっきしアカンのとちゃいますか」

そして畳みかけた。

「上新さんがやらんで、どこがやるんでっか」

小松の挑発に浄弘が乗った。

「小松さんがそこまで言わはるんやったらやりまんがな。ウチがやるんやったら日本一にしますがな」

創業社長らしい即断即決だった。小松との出会いからわずか5カ月でオープンさせた巨大コンピューター専門店は浄弘らの予想をはるかに上回る立ち上げに成功したが、浄弘の右腕で実質的に上新電機を取り仕切っていた藤原は、鳴り物入りの大型店にある弱点が存在することを見抜いていた。コンピューターの本体、つまりハードウエアに比べて、ソフトウエアの品ぞろえが手薄な点だ。

当時のソフトウエアはたいていが音楽用のカセットテープにプログラムを録音したものだった。当時はプログラムを専用の録音機にかけていた。録音する際にはその機械が「ビービー」「ガシャガシャ」という大きな音を立てる。

40代以上の読者の中には、せっかく打ち込んだプログラムが本当にちゃんとテープに記録されているのか、そもそもそんな変な音を出すのだからテープが切れてしまってはいまいか、ハラハラした記憶をお持ちの方もいるだろう。

この当時のパソコン用ソフトウエアは、そんなカセットに手書きの説明書を付けてビニールテープに入れて売られるものがほとんどだった。カセットの作り手はソフトハウスと呼ばれていたが、大手と言えるまともなメーカーは北海道のハドソンくらいのものだった。

世の中に出回るソフトウエアのカセットは、ユーザーが雑誌の広告を見て直接取り寄せていた。ソフトハウスと呼ばれるソフトウエアの作り手の実態は、ほとんどが名も知れないパソコンの愛好家だった。藤原にとっては目に見えない存在だった。

だが、ソフトウエアが充実しないとパソコン（当時はマイコンと呼ばれていたが）なんてただの箱だ。目新しさに飛びついた人にもすぐに飽きられてしまう。

（どうすれば大量のソフトウエアを仕入れることができるだろうか）

そう考えた藤原は、ある人物を思い出した。

巨大コンピューター店をオープンさせる少し前のことだった。藤原が日本経済新聞の紙面を繰っていると、日経主催のマイコン教室が大阪で開かれるという広告が目に入った。

2日間で受講料は9万円とある。浄弘が日経懇話会の会員だったため2割引きとなったが、それでも安くはない授業料だ。もっとも、今にしてその後の展開を考えれば格安の投資だったと思えるのだが。

当時、大阪城をのぞむ天満橋にあった日経大阪本社で藤原にマイコンのいろはを教えたのが池孝三という人物だった。池は日経から頼まれて2日間の講師役を引き受けていた。藤原が聞いたところ、アイク・コンピューターという会社を経営していると言う。

この時に交換した池の名刺を見ると、住所が日本橋1丁目とある。上新電機の巨大コンピューター専門店は目と鼻の先だった。

早速池と再会した藤原は聞いた。

「全国からソフトを集めてくれるような会社はないですか」

「それなら面白い人がいますよ。孫正義という人が東京で日本ソフトバンクという会社を立ち上げたそうですが、あまりうまくいってないそうです」

池が経営するアイク・コンピューターは孫が奇襲をかけた大阪エレクトロニクスショーに出展していた。そこで出会った24歳の青年社長に、池はただならぬものを感じたというのだ。

池はこの当時の日本人では珍しく、米国で産声を上げたコンピューター産業に精通する人物だった。その池が藤原に熱弁を振るった。アップルというメーカーを作ったスティーブ・ジョブズや、マイクロソフトを創業したビル・ゲイツという人物の名を挙げて、これからは20代の若者がコンピューター産業をリードしていくのだと語る。

「それで、その孫さんという人も若いんですか」

「そうですね。まだ米国の大学を卒業したばかりのはずです。でも彼はもしかしたら日本のマイコン業界のリーダーになっていく可能性がありますよ」

それが池の孫正義評だった。

(そないな人やったら、とりあえず連絡しとこうか)

高校を出るとすぐに上新電機に入社し、オートバイに乗ってテレビの敷設に走り回った藤原は、とにかく腰が軽い。

藤原は池から日本ソフトバンクの電話番号を聞いて池の事務所を後にした。孫と藤原を橋渡しした池孝三は、知られざるソフトバンクの恩人の1人と言えるだろう。だが池は1985年8月、乗っていた飛行機が墜落して帰らぬ人となった。御巣鷹山で遭難した日航ジャンボ機だった。

1本の電話

1981年の年の瀬も迫った12月。資本金の8割も投入して勝負を賭けた大阪エレクトロニクスショーでの出展が失敗し、孫正義は追い詰められていた。資金は底を突き、翌月の家賃や社員の給料をどう捻出するか、思いあぐねているところに一本の電話がかかってきた。

「大阪で上新電機という会社をやっとります藤原と申しますが、孫社長はいらっしゃいますか」

電話に出た孫の話しぶりに、藤原は内心すぐに「この人は普通の人となんかちゃうな」と思ったと言う。ただ、未来のマイコン業界のリーダー候補は、関西には詳しくないようだった。

「上新電機を知ってはりますか」

「いや、知らないです」

「ほな、大阪の日本橋は」

「生まれてこのかた、一度も行ったことがないですね」

ややがっかりした藤原は、コンピューター専門の超大型店をオープンさせたことを告げ、ソフトウエアの品ぞろえに悩んでいることを率直に語った。

「そういうわけなんで、良かったら一度、商談を兼ねて大阪に来て店を見てもらえませんか」

藤原は池から日本ソフトバンクが設立からいきなり苦戦していると聞いていた。孫にとっては超大型店との商談は、のどから手が出るほど欲しい話のはずだ。

だが、ここでなぜか孫が言いよどんだ。

「大変ありがたい話なのですが、年内はちょっとスケジュールが埋まっていまして……」

実はこの時、孫は大阪への出張費にも事欠く懐事情だったのだ。もちろん、藤原にはそんなことは明かさない。プライベートジェットに乗って世界中を飛び回る現在の孫の姿からは想像できないが、大阪に行くための新幹線代を出し惜しんだがために大型商談をふいにするところだった。

「ああ、そうでっか」と、もし藤原がここで電話を切っていたら上新電機との商談はなかったかもしれない。だが藤原は米国帰りという孫から現地の事情を聞こうと矢継ぎ早に質問した。

「これから日本のコンピューター産業はどうなりますか」

孫は米国は日本より10年は先を行っていると言い、いずれ日本も米国を後追いするだろうと自信たっぷりに語った。藤原は「電話口から孫さんの声があふれんばかりに聞こえてくる。確信に満ちた速射砲のような語り口だった」と振り返る。

話は1時間にも及んだ。

「ほな、年が明けたらぜひ大阪に来てください」

藤原が電話を切った直後だった。帰り支度をしていた浄弘が声をかけてきた。

「今日の売り上げはどや?」

藤原が手短に報告すると、いつものひと言が来た。

「ほんで、なんか変わったことはあったか」

これは浄弘の日課だった。毎日帰り際に藤原に同じ質問をしていたのだ。

「それが、ソフトのことで東京の孫正義という男と電話で話したんですけど、これが私の感度ですと、なんかただ者とちゃうなという感じがしまして。24歳で米国帰りらしいんですけど、とにかく何を聞いても明快に答えてくるんですわ」

「ほう」

浄弘は藤原に全幅の信頼を置いている。その藤原が「ただ者ではない」と言う若者に興味をそそられないわけがない。

「ただ、年内は忙しゅうてこっちに来られへんて言うんですわ。社長、もし東京に行く用事があったらぜひこの男と会ってもらえませんか」

「なんや。東京やったら明日行くで。分かった、面白そうやないか」

急いで孫に折り返した藤原は、浄弘が日本ソフトバンクを訪問する手はずを取り付けた。

果物店からのたたき上げ

「あいつはワシが若い頃にそっくりやな！」

東京から帰った浄弘は藤原に、東京で会った変わった青年社長のことを熱っぽく話し始めた。

（あの浄弘さんにそこまで言わせる24歳の孫正義という男は、いったいどんな人物なんやろうか）

藤原の中でまだ見ぬ孫のイメージがどんどんと湧いてきた。無理もない。瀬戸内海に浮かぶ小豆島で育ち高校を出るとすぐに上新電機に飛び込んだ藤原にとって、７歳上の浄弘はカリスマ社長である前に頼れる兄であり親のような存在だったからだ。

大阪の青果店の長男として生まれた浄弘は13歳から店頭に立って両親が始めた上新電気商会を手伝い始めた。上新は父親の浄弘信三郎の名から取ったものだ。「浄信」ではお寺のようだし、書きにくい。元は青果店だったため新鮮の意味も込めて上新とした。

戦時中に疎開先で洪水のため一切の財産を失った浄弘家が大阪の日本橋に戻ると、ラジオのパーツ屋が繁盛していた。浄弘家は青果店をやめ、見よう見まねでパーツ屋を始めたのだった。

従って浄弘は正確に言えば創業者ではないのだが、13歳から店頭に立ち中学を卒業すると高校にも進まずに店を切り盛りしてきた。間口が３メートル足らずの小さなパーツ屋から関西を代表する家電チェーンへと、実質的に一代で築き上げていったまさに立志伝中の人物だ。

藤原は浄弘との出会いを鮮明に覚えている。就職試験の時だった。

「上新電機はこの日本橋の中でも真ん中くらいや。でもいずれは日本一の電気屋になる。そのためには君みたいな若い人が必要なんや。他の会社も（就職試験を）受けてるやろうけど、ウチに来て力を貸してくれ」

当時25歳の浄弘からこう口説かれた高校3年のあの日から、藤原は浄弘の背中を追い続けてきた。就職試験に合格した会社の中で上新電機は一番給料が安かったが、「浄弘博光という人間に賭けてみよう」と思ったという藤原にとって、安月給は全く苦にはならなかった。

それから20年。浄弘が誓った日本一の頂はまだ見えないが、上新電機は今や関西では知らない者のいない有力企業に成長し、時代の先陣を切って日本橋に巨大コンピューター店を開くまでになっていた。

そんな兄貴分が初対面の若者を「ワシの若い頃にそっくり」と言う。

孫もまた、たたき上げの苦労人である浄弘の気質を初対面で見抜いたのだろう。日本ソフトバンクは創業したばかりで取引実績はゼロ。オフィスは間借り。そんな自分に日本最大の巨大店のソフトウエアを扱わせて欲しいと、浄弘に懇願した。

「ソフト流通に懸ける情熱では誰にも負けません」

浄弘の目をじっと見つめて語る。コンピューター産業の将来性については理路整然と語る孫だが、ここぞという時は論理を超えて相手の懐に飛び込む。若い頃の孫はそうやって理解者を増やしてのし上がっていった。

とにかく情に厚い性格だったという浄弘がどう受け取ったかは言うまでもないだろう。ただ、今となっては浄弘本人の口から聞くことはできない。

この日から約4年後の1985年10月8日、浄弘は肺がんのため息を引き取った。まさにその時、藤原は孫を伴って東京でNEC社長の関本忠弘との商談の真っ最中だった。この会談後に上新電機本社に電話を入れて浄弘の訃報に接したのだが、すぐに奈良県にある浄弘の自宅に急行した。途中の記憶はないという。

孫も同行した。上新電機は当時、浄弘の悲願だった東証1部上場を目前に控えていた。

（間に合わなかった……）

藤原は浄弘の亡きがらの前で素直にわびた。東証上場の際の風物詩である5回の鐘打ち。その鐘を、浄弘の手で鳴らしてもらいたかった。

孫もこうべを垂れた。何も言わない。押し黙ったまま、ただただこの世を去った恩人に向き合った。何を浄弘に伝えたのか、孫は何も語ろうとしない。

東京で浄弘と会った数日後に孫本人が大阪・日本橋にやってきた。藤原が初めて見る孫正義は小柄で童顔。24歳と聞いてはいたが、藤原の目には少年のように見えた。だが、やはり語り口は「ただ者ではない」と感じたあの日の電話と全く同じだった。

藤原が孫を巨大コンピューター店に案内すると驚くのもそこそこに「ここをソフトでいっぱいにしてみせます」と豪語する。しかも、孫はこんな提案をしてきた。

「私にエクスクルーシブ（独占）でやらせてください」

実績は皆無にもかかわらず、他の業者は使わずに日本ソフトバンクとだけ契約しろというのだ。ただ、上新電機にとってソフトの品ぞろえは喫緊の課題だった。

（やはりこの男に頼むか）

藤原と浄弘は独占契約を望む孫の要求を飲む決断を下した。

「ただし、や」

浄弘はこう付け加えた。

「日本全国からあらゆるソフトを集めてくれ。期限は1カ月。それでええか。来年の1月31日までにソフトを用意してくれ」

前代未聞の巨大店を埋め尽くすだけのソフトウエアを、果たしてかき集められるのか。店の広さから考えて、その数はおよそ1万本にはなるだろう。孫は浄弘にこう言い切った。

「分かりました。命懸けでやってみせます」

実は、孫には切り札があった。

ハドソン

話はまた少しだけ戻る。この年の秋のことだった。

「博多で面白い兄ちゃんに会ったよ。今度お前にも会いたいって言うから会ってみないか？」

工藤浩は兄の工藤裕司からこんな電話を受けた。シャープが博多で開いたマイコンの展示会で孫正義という青年社長と会ったと言う。孫青年はソフトウエアの流通という新しい事業を始めたところで、ついては東京で営業の一切を取り仕切る弟・浩に自分を紹介して欲しいと言ってきた。

今ではスキーリゾートとして有名な北海道ニセコ町出身の工藤兄弟は１９７３年に札幌市内にアマチュア無線店のＣＱハドソンを設立した。もともとは喫茶店をやるつもりだったが、店舗用に契約した建物に1週間前に別の喫茶店の契約が入っていたことが分かり、急遽アマチュア無線に路線変更した。

これが後にゲームソフトで一世を風靡するハドソンの始まりである。ハドソンと言えば、40～50代の読者の方なら「ボンバーマン」や「桃太郎電鉄」、あるいは「ロードランナー」など大ヒットしたファミコンゲームでおなじみだろう。

社員の高橋利幸、通称「高橋名人」が代名詞の16連射で子供たちのヒーローとなり、彼を主人公にした「高橋名人の冒険島」も人気作となった。

この頃はもっと単純な「ブロックくずし」などのゲーム・プログラムをカセットテープに書き込んで販売していた。まだマイコン黎明期の当時、工藤兄弟が率いるハドソンは全国に散らばる名もなきソフトハウスの中では断トツの最大手だった。

そうは言っても、市場そのものがまだまだ小さく、ハドソンも一般には知名度が低い地方の中小企業に過ぎなかったのだが。

そのハドソンが東京営業所として六本木に借りたマンションの一室に、日本ソフトバンク社長を名乗る孫正義が植松逸雄と2人でやってきた。迎え入れたのは兄から連絡を受けていた弟の浩だった。

ハドソンはまだ東京に進出したばかり。営業所といっても事務スペースと応接スペースの2部屋だけのマンションの一室だった。孫と植松はその応接スペースに通された。

「小さい兄ちゃんだな」が工藤の印象だった。スーツ姿の孫は長髪を右になでつけている。その奥に光る目がより印象的だった。もともと童顔な孫だが学生にしか見えない。

「社長　孫正義」と書かれた名刺を見る工藤に、孫は「在日韓国人なのです」と話す。「ああ、そうなの」。工藤は出自には関心がなかった。

孫のセールストークは単刀直入だった。

「私は日本でソフトウエアの流通を始めましたが、日本一のソフト流通会社にしたいと思っています」

いきなり大風呂敷を広げたかと思うと、こんなことを言ってきた。浄弘と藤原に言ったのと同じセリフだった。

「我々にエクスクルーシブでやらせてもらえませんか」

「え、エクスクルーシブって何？　どういうこと？」

「独占契約ということです」

「それって、つまり君たちにだけソフトを卸せってこと?」

「そういうことです」

工藤が耳を疑ったのは言うまでもない。まだ一部のマニア向けに細々とソフトを売っていたとはいえ、ハドソンはこの当時ではソフトハウスの最大手だ。それを突然現れた童顔の青年が「俺に独占供給しろ」と言うのだ。

(全くこいつはいったい……詐欺師かはたまたペテン師か)

工藤は半ばあきれながらキッパリと言った。

「それは無理ですよ」

工藤はこの当時27歳。24歳の孫とは同世代と言えるが、18歳の時に兄に誘われて事業を興してから数々の苦労を経てソフトハウス最大手の地位を築き、東京にも進出したところだった。しかも、手書き広告から始めた販売ルートが、ようやく全国に広がったと思えたタイミングで現れたのが孫だった。

工藤が築いた流通経路は雑誌だった。電波新聞社が発行する雑誌『マイコン』にハドソンがソフトウエアの広告を出す。とはいえ当時のハドソンに広告費を出す余裕はない。工藤はその広告費をシャープが肩代わりしてくれる契約を取り付けていた。

まだパソコン黎明期のこの当時、パソコンを作る電機メーカーとソフトハウスは持ちつ持たれつの関係だが、資本の力という点では圧倒的にパソコンメーカーの方が強い。ソフト最大手のハドソンでさえ札幌の中小企業に過ぎない。電機メーカーもソフトハウスを側面支援する形でパソコンという新しい産業を築こうとしていたのだった。

「僕は天才です」

工藤の前に突然現れた童顔の長髪男はそんなことはお構いなしだった。どう考えてもムシが良すぎる。

（まったく、何を言い出すのかと思いきや……）

兄の紹介ということもあり、ちょっと話を聞いて切り上げようと思っていたが、工藤はついつい孫の話に聞き入ってしまった。確かに孫が語るパソコン産業の未来図やソフトウエアの重要性には合点がいく。

孫の話術は話が進むほど冴えてくる。

「工藤さん、僕は天才なんですよ」

「は？」

孫はセールストークの合間に突拍子もないことを言い始める。

「僕は天才教育を受けてきたんですよ。父親は僕がごはんを食べる時に箸を持つだけで『正義、お前は天才だな！』と褒め殺しだったんです」

（こいつ、なに言ってやがるんだ……）

北海道から東京に出てきたばかりの工藤が口のうまい人には気をつけなければと思っていても、ついつい孫の大風呂敷に引き込まれてしまう。

孫の話は生い立ちから高校を中退しての米国留学、そしてシャープの佐々木正に音声機能付き電子翻訳機を認めてもらった話にまで及んだ。

最初は5分ほどと思っていたのが気づけば30分になり、とっくに1時間を超えていた。

（この人と一緒にやってみようかな）

孫が帰る頃には、工藤はついこんな気持ちになっていたと言う。その後、何度か孫と会い、工藤は孫が求める独占契約を結ぶことにした。兄で社長でもある裕司に相談もせずに決めてしまった。

ただし、工藤もまた、孫にひとつだけ条件を課した。

「預託金として3000万円を12月末までに振り込んで欲しい」

3000万円は言ってみれば、万が一、孫がまがい物の詐欺師だった場合の保証金だ。当然だろう。自ら築き上げた流通網を捨ててまで、この風変わりな若者にソフトの販売を託すのだから。工藤は3000万円が振り込まれたのを確認した時点で日本ソフトバンクの倉庫に大量のソフトを届けると言う。

「そんなお金はありません」

孫は困り果てたように返した。1000万円の資本金のうち800万円を大阪エレクトロニクスショーへの出展に使ってしまい、残りの200万円も家賃や従業員への給料でほとんど消えようとしていた。だが、そこは工藤も譲らない。

「この3000万円がなければ商売はしません」

さらに付け加えた。

「孫さん、あんたが俺を試す番だ。だってよく考えてみなよ。俺はその3000万円を持ち逃げすることだってありえるんだよ。まずはあんたがリスクを取ることになる」

そう言う工藤の条件を、孫は受け入れた。約束の12月末の営業日までに3000万円を振り込んだ。

「今度は俺が孫さんの信用に応える番だよ」

工藤が札幌のハドソン本社をフル回転させて孫の信用に応えたのは言うまでもない。

この時の2人の握手には後日談がある。これまで知られていない事実だろう。実は工藤は日本ソフトバンクと独占契約するつもりはなかった。孫はハドソンのソフトウエアを上新電機などショップで売ることになる。電波新聞社の雑誌『マイコン』とは競合しないはずだと考えたのだ。その点は孫も承諾していた。

工藤は電波新聞に義理を通すため、孫を連れてJR五反田駅前の電波新聞本社を訪れた。応対した電波新聞社の幹部に孫を紹介し、日本ソフトバンクとも契約したいと言うと、難色を示したその幹部が思いもしないことを言い放った。

「だいたい、なんで朝鮮人と付き合わないといけないんだ」

ハドソンは電波新聞社と二人三脚のはずだった。そこに突然現れた「邪魔者」の存在に、思わず口に出てしまった言葉なのかもしれない。孫は後に日本国籍を取得するが、この時は韓国籍だ。その幹部がどれほど差別と認識していたかは分からない。つい口が滑っただけなのかもしれない。それでも孫にとっては許すことができない侮辱だった。

だが、孫の表情をうかがう間もなく工藤がぶち切れてしまった。

「それがなんだ！　朝鮮人だろうが韓国人だろうが、そんなの関係ないでしょ！　俺にはそんなの関係ないよ。そんな言い方ないだろ！」

これで工藤は『マイコン』という貴重な流通ルートを失ってしまう。結果的に孫とエクスクルーシブ（独占）でソフトウエアを売ることになった。

「全く、お前のおかげで流通ルートがなくなっちまったよ」

冗談半分で言う工藤に孫はこう返した。

「工藤さん、大丈夫ですよ。ウチで雑誌をやるから」

ちょうどパソコン雑誌業界からの反発を受けていた孫は、こうして全く知見のない雑誌業界に飛び込むことになる。


孫は苦労続きだった創業期を支えてくれた関係者を「恩人」と呼び、日本を代表する経営者となった今でも感謝の念を絶やさない。毎年ゴールデンウイーク中の平日の1日を、社を挙げて「恩人感謝の日」と定めている。5月初めには恩人たちのもとにソフトバンクから花が届けられる。

孫の事業家人生のきっかけを与えその後も陰に陽に孫を支え続けた佐々木正を筆頭

に、10人を生涯の恩人と定めている。浄弘博光や藤原睦朗、清水洋三も孫の恩人に名を連ねる。

10人の恩人の中でも年齢が近く孫の兄貴分となったのが、この工藤浩だった。六本木の東京営業所の近くに居を移した工藤の自宅に孫が転がり込むこともしばしばだった。

夜遅くまで孫が好きなポーカーに興じることがあった。得意なはずのポーカーで負けが込んだ孫は生来の負けず嫌いらしいことを言い始めた。

「この勝負に日本ソフトバンクを賭けるよ」

工藤も面白がって「それなら俺もハドソンを賭けてやるよ」と返した。

すでに勝負は始まっている。孫は自信満々だ。その手のうちにはすでにフォーカードがそろっていたからだった。ところが工藤はロイヤルストレートフラッシュを引き当てていた。

「どうだ!」

工藤の満面の笑みに孫が絶句したことは言うまでもない。

翌朝には工藤の妻が作った朝食の味噌汁をじっと眺めて孫がまた妙なことを言い出した。

「工藤さん、俺はこの豆腐みたいになるんです」

「は？　なに言ってるの、孫ちゃん」

「豆腐って1丁、2丁って数えるじゃないですか。俺はそんな風に1兆円、2兆円って売上高を数えるようになるんですよ」

あのミカン箱に乗ってアルバイトにぶち上げた大ぼらである。

「そりゃ、いいや！　でもそれってもう俺の会社だからな。昨日の勝負を忘れるなよ」

工藤は孫の大ぼらを面白がったが後年、このポーカーの勝負を引き合いに出して度々孫に「本当だったら俺がソフトバンクのオーナーなんだからな」と冗談を飛ばす。2人にとっては若い頃に夢を語り合った良き思い出だ。

ただ、冗談とも言えないアドバイスを贈ったこともあった。

ハドソンとの契約を追い風に上新電機との大型取引を軌道に乗せた頃のことだ。

「早く上場したい」と言う孫に工藤は言った。

「でも、お前の会社って半分、どこかが株を持っているって言ってなかったっけ」

実は創業時に事務所を間借りしていた経営総合研究所が、日本ソフトバンクの資本金のうち半額にあたる500万円分を出資していた。

「そうです。僕が持っているのは半分です」

「だったらすぐに買い戻さないとダメだよ。お前の権利が半分になっちゃうじゃない」

孫が急いで経営総合研究所に株の買い取りを申し出ると3倍にあたる1500万円をふっかけられた。

「大変です、工藤さん、1500万円って言われてしまいました」

うろたえる孫に対して工藤は断固買い戻しを主張した。

「日本ソフトバンクはこれからもっとデカくなるんだろう。だったら株の価値も上がるんだから絶対に今のうちに買い戻すべきだ」

実際に孫は親族などから資金をかき集めたようで、経営総合研究所から株を買い戻した。もし、この時に工藤が株式の買い戻しを孫にアドバイスしなかったら、1500万円ではとてもすまなかっただろう。

手本はロックフェラー

ここまでの話をまとめると、面白い事実が浮かび上がる。孫が始めたソフトウエアの流通業は、作り手であるソフトハウスと売り手である家電量販店の間に立つ存在だ。そこで中間マージンを取るビジネスモデルだ。

ソフトウエアの作り手も売り手も未熟だったこの時代。1982年4月28日付の日経産業新聞では孫の日本ソフトバンクを「わが国初のパソコン用パッケージソフト専門流通業者として華々しくスタートしたのが日本ソフトバンクだ。（中略）これまでのパソコンソフト流通ルートの〝盲点〟をついて急成長を続けている」と紹介している。

その急成長を支えたのが上新電機、ハドソンの両社と別々に結んだ独占契約だった。日本のパソコンソフトがまだまだ夜明けの時代だったとはいえ、ぽっと出の24歳の若者が作り手と売り手の最大手とそれぞれ独占契約を結んでしまった。

ソフトウエアが作り手から消費者に届くまでを川の流れで例えれば、川の上流と下流をいずれも独占してしまったのだ。

ここで、興味深い証言がある。上新電機の藤原睦朗は売り込みに来た孫からこんな話を聞いたという。

「孫さんは米国の石油会社の例を出して、シェアで1位になるとそのエリアでライバルを完全に制覇したら値段を少しずつ上げて儲かるようにしていく、というマーケティング戦略を熱心に語っていました」

日本ソフトバンクはソフトウエアの流通で、上新電機はその販売で、それぞれ「ライバルを完全に制覇」して利益を山分けしようというわけだ。

この石油会社の例えは言うまでもなく孫が「プラットフォーマー」を語る際に好んで例に挙げるロックフェラーだ。「売上高で1丁（兆）、2丁（兆）」の大ぼらを実現した現在だけでなく、創業期のこの当時から、孫のプラットフォーマー戦略はなんら変わっていなかったことが、藤原の証言から分かる。

この当時で言えばソフトウエアの流れの上流と下流の最大手を一気に独占してしまうことが、ソフトウエア流通のプラットフォーマーとなる最短経路だと考えたわけだ。当時の記者には「盲点をついた」と評されたが、緻密でかつ大胆な戦略の上に成り立っていたことが現在になって理解できる。

苦手分野

ただし、緻密とはとても言えない苦手分野がこの当時の孫にはひとつ、存在した。ファイナンスだ。

流通業は在庫を抱えることが宿命とも言える。当然ながら倉庫で眠っているソフトはカネを生まずコストでしかない。日本ソフトバンクの場合、設立してすぐに独占戦略に打って出たのだから身の丈に合わない在庫を抱え、常にその分のカネを回す必要に迫られる。要するに金策だ。

今では「攻めの財務」こと後藤芳光をはじめ、強固な財務チームを抱える孫だが、この当時はそんな専門家はいない。

ハドソンの工藤浩が課した3000万円の預託金は、知り合いや親族からなんとか工面した。小倉駅で寒さに震える立石勝義が孫から手渡された紙袋に入っていた札束が、実はこのカネだった。

だが、それだけでは足りない。

上新電機に納入しなければならないソフトウエアはざっと1万本にものぼる。最終的に4600万円分となった。もちろんハドソンだけではなく名も知れないソフトハウスを探して、孫と立石、それに立石をスカウトした植松逸雄の3人は全国を飛び回った。

立石が入社したこの当時、日本ソフトバンクは孫を含めたったの8人だった。正社員は植松と立石、それに立石と同時に大阪の会社から転職してきたという男性の3人

だ。あとは契約社員が2人にアルバイトが1人。さらになぜかいつも着物姿のパート
の女性。ファイナンスや資金調達の専門知識を持った人材はいない。
結局、立石がソフトハウスに営業に回る一方で経理や資金調達、人事など管理業務
の一切を任されることになった。その立石とて資金調達に慣れているわけではないし、
そもそもソフトハウスへの営業で手いっぱいだった。
資金面の手当は二の次。まずは取引実績を作ることに全力を挙げた。そもそも銀行
との付き合いなんて、まともにやった経験もない。生まれたばかりの日本ソフトバン
クにあって誰も専門知識を持たない資金調達は、気がつけば後手に回っていた。
立石は1996年に脳の病いに倒れて引退を余儀なくされたが、ずっと月日がたっ
た2011年のある日、孫が立石を東京・汐留の本社に呼び幹部陣を前にかつての功
労者を紹介する機会があった。
「今のソフトバンクはみやうっちゃんに任せてるけど、創業間もない時期はこの立石
さんが何から何まで全部やってくれていたんだ」
孫は現在の大番頭である宮内謙のことは親しみを込めて「みやうっちゃん」と呼ぶ。
創業時に孫が頼りにした番頭役が立石であったことはこのひと言からもうかがえる。

それでも財務となれば話は別だ。

いきなり最大手を独占した孫だがとにかく当面のカネがない。孫は立石とともに資金繰りに奔走することとなったが、すぐに行き詰まってしまった。

「当行の決まりで、電話帳に載っていない業種に融資はできません」

孫が始めたソフトウエアの流通業はそれまでの日本にはなかったビジネスだから電話帳に業種として登録されているわけがない。だが、孫と立石が銀行の担当者にいくら説明しても木で鼻をくくったような答えしか返ってこない。うがった見方をすれば孫が「孫正義」という一見して在日の韓国人か中国人と分かる名を名乗っていたことも、影響したのかもしれない。

「心を鬼にせえ」

そんな孫にチャンスが訪れた。年が明けた１９８２年の初め頃だった。立石が知り合った第一勧業銀行麹町支店の営業マンに、孫は就任したばかりという支店長への面会を要求した。

支店長の御器谷正之は前年の10月に茅ケ崎支店から麹町に転勤してきたばかりだった。皇居の西側に位置する麹町は都心のど真ん中にありながら、第一勧業銀行には当時、これといって大きな取引先の企業がなかった。そのため御器谷は前任者から「とにかくいろいろな会社を開拓するように」と引き継がれていた。

営業マンに聞くと、面会を求めている青年社長は会社を始めたばかりと言う。だが、着任したばかりの御器谷は新規開拓につながるかもしれないと思い、ともかくその青年社長に会ってみようと考え、気軽に答えた。

「30分くらいなら会ってもいいよ」

だが、「日本ソフトバンク　社長」の名刺を差し出した孫はいつもの通りコンピューターの展望から始まりソフトウエアの成長性を自らの夢を交えて語り出し、ついにこう切り出した。

「1億円の融資をお願いします」

しかも、担保や保証人はなく金利は最も条件の良いプライムレートにして欲しいと言う。支店長の権限で実施できる無担保の融資は上限が1000万円。ましてや日本ソフトバンクには特段、取引実績がないと言う。それどころか資本金1000万円のうち800万円を大阪エレクトロニクスショーにつぎ込み、財務的には虫の息といった状況だ。御器谷が財務諸表を見せて欲しいと言うと孫は「そんなものはありません」のひと言。

誰が考えても無茶な要求だったが、御器谷は孫の話に聞き入ってしまった。孫は上新電機と大型の契約がまとまっていると言う。なんでも、大阪にできた日本最大のコンピューター専門店へのソフトウエア納入を一手に任されたと言うのだ。

孫は学生時代にシャープの佐々木正に音声機能付き電子翻訳機を売り込み、その後も相談を聞いてもらう仲だとの話も付け加えた。

御器谷は孫の話を聞くうちに「なんとかこの融資をまとめてあげたい」という気持ちになったという。ただし、実績のない生まれたばかりの会社に1億円の融資がすんなり通るとは思えない。まずは信用調査、つまりウラ取りを徹底する必要がある。

幸い御器谷は大阪で勤務した経験があった。上新電機は第一勧銀の得意先で難波支店が担当していた。しかも難波支店長の山之内和彦とは旧知の仲だった。早速、上新電機に日本ソフトバンクとの取引のウラ取りを頼むと、山之内はすぐに上新電機まで足を運び、名物社長の浄弘博光にも話を聞いたという。山之内は電話口で続けた。

「間違いなく上新電機は本気でその会社とやるよ。それに浄弘社長がぜひご融資をお願いしたいとまで言ってくださった」

浄弘本人からお墨付きを得たことは大きい。御器谷はさらに万全を期して浄弘の右腕である藤原睦朗にも電話を入れた。

「上新電機さんと大きな商談がまとまっていると聞きましたが本当ですか?」

「そうです。その通りです。上新電機もソフトがないと困るからぜひ貸してあげてください。うちが保証してもいいですよ」

実はこれまで知られていなかった事実がある。筆者の取材に応じた藤原が明かしてくれた。孫はこの時、浄弘と藤原に「日本ソフトバンクに出資してもらえないでしょうか」と持ちかけていたという。

上新電機の資本が入れば資金と信用という孫がのどから手が出るほど欲しかった2つのものが一挙に手に入る。孫は出資と同時に記者会見を開き、浄弘にも出席して欲しいと頼み込んだ。

孫のビジョンと行動力に感銘を受けていた藤原はすぐに出資を考えたという。だが、これに待ったをかけたのが他でもない浄弘だった。

「そんなことしたらあかん。ええか藤原、よう考えろよ。孫君がこれから大きく伸びるためにはウチのライバル会社とも取引していかなあかんやろ。それがいきなり上新電機の（出資を受けて）色がついてみぃ。他の会社は孫君との取引を拒否しよるかもしれんぞ。そやから孫君には悪いけど、ここは断れ」

孫が資金繰りで苦しんでいることは百も承知だが、孫の将来を思い、あえて心を鬼にしろと言う。たたき上げの苦労人である浄弘らしい配慮だった。浄弘と藤原が第一勧銀の調査に全面協力した背後には、こんな事情もあった。

「心中する覚悟はあるのか」

それでも、取引先の証言だけでパスするほどプライムレートでの1億円融資のハードルは低くはなかった。

御器谷は直球勝負でいくことを決意した。第一勧銀の本部に直接乗り込み判断を仰いだが、新興企業への融資を審査する企業部部長の西田美雄からはある程度予想した通りの反応が返ってきた。

「君、常識外れもいいところだろ」

そう来ると思っていた。御器谷はそれで引き下がるつもりもなかった。

「ぜひやらせてください！　ここの社長が言うことは全部ウラが取れています」

「そこまで言うならフリーディスカッションにかけてみろ」

フリーディスカッションとは、行内から担当者を集めて問題案件をどうするべきか話し合う会議のことだった。早速、行内から10人ほどの担当者が集まったが話がまとまらない。そもそもコンピューターの将来性がどうなのかが主要な話題となったが、実のところコンピューターと言ってもいまいちピンと来ない者がほとんどだった。

1時間、2時間と時間ばかりが空虚に過ぎていく。フリーディスカッションもそろそろお開きといった空気が流れた時だった。突然、それまで黙っていた1人の若手が手を挙げて発言した。

「ちょっと待ってもらえませんか！」

明らかにイライラしているのが誰の目にも分かった。手を挙げた笠井猛邦は産業調査部という新しい業種を研究する部門の若手社員だった。

「皆さん、さっきからコンピューターの話をされていますけど、そもそも皆さん、コンピューターを触ったことがあるのですか？」

その場が凍りついたが、笠井は意に介さずに続けた。

「私たちの世代だとパソコンの同好会もありますよ。皆さんはご存じないかもしれないですが、パソコンはこれからどんどん伸びていく有望業種です」

そして最後にとどめを刺した。

「そのことを知らないのは日本の遅れた銀行くらいですよ」

並み居る先輩社員はぐうの音も出ない。タテ社会の銀行ではちょっと考えられないような挑発だったが、これで議論が一気に動き始めた。

ついに西田が御器谷にこう迫ってきた。

「最後にもう一度確認するけど、お前は本件と心中する覚悟があるのか」

即答だった。

「話を持ってきた以上はやります」

断言してしまったが、御器谷はこの時の心境をこう述懐する。

「内心では『ああ、やばいかも』と思いました。でも私もそれなりの経験があったしこの話はきっとうまくいく、こうなったらもう何かあった時はクビでもなんでも責任を取ろうと、腹をくくりました」

御器谷は職を賭してまであの風変わりな青年社長に賭けてみようと思ったのだ。もちろんこの時、孫はこんなやり取りがあったことを知るよしもないが、現在もこの銀行マンを恩人と呼んでいることは言うまでもない。孫の感謝の気持ちは今も銀行にではなく御器谷に向けられている。

この時、御器谷は知らされていなかったのだがもう1人、御器谷が銀行本部で丁々発止のやり取りをしていたその裏で、孫の運命の扉を開いた人物がいた。

佐々木正だ。

「シャープの佐々木専務と付き合いがある」と孫から聞かされた御器谷は、大阪支店にウラ取りを依頼していた。御器谷は支店の次長に普段付き合いのあるシャープの経理部長に聞いて欲しいと言ったのだが、事態は思わぬ動きを見せていた。

佐々木自らが旧知の第一勧銀の常務に電話していたのだ。

「孫正義は私が保証します。どうか融資してください」

「保証すると言いますと?」

「私の退職金と自宅を担保にしていただいてもかまいません」

佐々木が冗談でそんなことを口にするような男ではないことは、この常務もよく知っていた。頭取の村本周三に報告したところ、村本は即座に言い放ったという。

「シャープの佐々木さんがそう言っているなら、それはシャープが保証するも同然だろう。だいいち佐々木さんから担保を取る奴があるか。すぐに融資を決めなさい」

　101歳になった佐々木もこの電話のことはよく覚えていた。

「第一勧銀の人（常務）には悪いことをしたなぁ。『佐々木さんがそこまで言うのに君は何を考えているのだと、ものすごく怒られましたよ』と言っていたよ。まあ、僕も妻からは怒られたんだけどね」

　佐々木は大まじめで新築の自宅と退職金を担保に入れてもいいと考えたと言う。実際、人事部に問い合わせて退職金がいくらくらいになるか、試算させたとも話す。

　筆者は孫に、大恩人である佐々木について振り返ってもらった。

「僕にとっては仏様のような恩人ですよ。だって、僕はなんの見返りも提供していないんですから。佐々木先生は（自分だけでなく）まだなんの形にもなっていない若い起業家の未来を信じて、そこに感動して応援する方なんです。見返りを求めない応援ですよ」

「あの純粋さには本当に頭が下がります。佐々木先生のことを悪く言う人なんか聞いたことがない。私だけでなくみんなが尊敬するのは、その（純粋さの）素晴らしさにあるのだと思います」

この言葉に、野暮な説明は要らないだろう。

それにしても――。佐々木は日本のエレクトロニクス史に名を残す人物である。しかも「来る者はこばまず」で、彼に教えを請うためその門をたたいた若手起業家は数知れない。あのスティーブ・ジョブズもその1人だ。そんな佐々木が孫に対して「この若者の踏み台になってもいいと思った」とまで言う。歴戦のつわものの佐々木がなぜそこまで孫に心を動かされたのだろうか。

筆者は単刀直入に佐々木に聞いた。

「佐々木さん。なぜそこまでして孫さんを助けようと思ったのですか」

佐々木はこちらの目をじっと見て、しばらく黙り込んだ。そして表情を和ませながらこう話した。

「それはね……、かわいいからだよ」

答えはひと言だけだった。101歳の老人の温かみに満ちたその表情を文字で伝える筆力を、残念ながら筆者は持っていない。ただ、その目にすべてが凝縮されている気がしたことだけは、書き残しておく。

第5章 危機

生命の危機、裏切り、内部分裂

PHOTO

ビル・ゲイツは孫正義にとっても仰ぎ見る存在だった（1995年6月）

余命5年

「好事魔多し」とはよく言うが、まさかこれほどのどん底に突き落とされるとは思いもしなかった。孫正義は旗揚げからわずか1年もしないうちに地獄の淵をのぞき込んだ。いや、文字通り地獄のまっただ中にたたき落とされたと言っても過言ではないだろう。

佐々木正、浄弘博光、藤原睦朗、御器谷正之、清水洋三、工藤浩、工藤裕司――。孫が語る大ぼらを真顔で受け入れてくれた恩人たちの支援のおかげで、日本ソフトバンクは破竹の勢いで急成長していた。もちろん、時に暴走する若き孫を支えた植松逸雄と立石勝義の奮戦も大きい。

日本ソフトバンクはこの頃、既存のパソコン誌への対抗策から自ら出版事業にも乗り出していた。引き金となったのが、早くからコンピューター業界で天才と呼ばれていた風雲児・西和彦だった。

孫より2学年上の西は早くから異彩を放っていた。米マイクロソフトの極東代理店となりマイクロソフト本社の副社長にも就任すると、日本ではパソコン雑誌『月刊アスキー』を創刊した。1977年6月の創刊号で「コンピューターはメディアになる」と宣言し一躍脚光を浴びる。まだ学生の孫が佐々木に音声機能付き電子翻訳機を売り込みに行く前のことだった。

ようやく世に名を広め始めた孫は、天才・西に対して神童と呼ばれたが、まだまだ西の方が孫より何歩も先を走っていた。

その西が率いるアスキーが他の主要2誌と結託して、日本ソフトバンクの広告を閉め出した。孫がハドソンと上新電機というソフトウエア流通の上流と下流を独占したことへの対抗策であることは明らかだった。

若き神童と天才はその後も続く全面対決へと足を踏み入れていく。

西の挑戦に「それならば」と、孫は自らパソコン専門誌を創刊し、雑誌広告というソフトウエア流通の貴重なルートを自力でつなぎ留めることに成功する。

未知の領域である雑誌への参入でも孫は新たな恩人を得て成功への階段を上っていく。その経緯はあえて本書では省略する。

ともかく、ソフトウエア流通と出版という両輪を抱えることになった日本ソフトバンクは急速な成長曲線を描いていく。1981年9月の創業から実質1年目にあたる1982年には売上高が20億円、翌1983年には45億円になる。

ただし、西の孫への敵愾《てきがい》心は消えるどころかますます膨らんでいく。それは後々、日本ソフトバンクの屋台骨を揺るがす災いとなって降りかかってくることになる。

そんなことを知るよしもない孫は意気軒昂《けんこう》である。福岡・雑餉隈《ざっしょのくま》の雑居ビルで使ったミカン箱の代わりに、東京に出てからは折り畳みイスに乗って社員を鼓舞した。「売上高で1丁（兆）、2丁（兆）……」はこの頃も定番だった。それに加えて頻繁に口にし始めたのが「我々は早く上場しなければならない」だった。旗揚げして間もない時期だが、もちろん孫は大まじめだ。

そんな孫の姿を隣で見続けた立石は「大ぼらと言えば大ぼらだけど、この人は小さなところに目標を置いていない人なんだなと思うようになりました」と振り返る。孫の大ぼらが、生まれて間もないベンチャー企業を確実につき動かしていた。若き創業者が発する巨大なエネルギーが集まった社員たちに伝播していったと言い換えればいいのだろうか。

日本ソフトバンクの危機は、そんな順風満帆の時に突然やってきた。

１９８2年の春、社員で一斉に受けた健康診断で、孫が受けた判定は「要再検査」だった。会社から近い慶應大学病院で再検査をしたところ、医師から驚くべき事実を告げられた。

「慢性肝炎です。ひどい数値だ。すぐに入院してください」

孫の体は慢性のB型肝炎に侵されていた。医師はすぐに仕事をキャンセルして入院しろと言う。そうでなければすでに命の保証はできないほど病状が悪化していた。

「慢性肝炎から肝硬変になれば、肝臓がんになります」

「するとどうなるんですか」

「死を待つだけです」

当時、慢性肝炎に対する有効な治療法はなかった。目の前が真っ暗になり、時間の流れが止まった気がした。

「では、肝硬変にはどのくらいで」

なんとか言葉をつないだ孫に、非情な宣告がなされた。

「それは分かりません。1年なのか2年なのか。でも、この状態ですと5年以内には確実になるでしょう」

繰り返しになるがこの当時、慢性肝炎は不治の病と言ってよかった。医師の診断は実質的な余命宣告だった。しかもその日がいつやってくるかは分からない。

孫は翌日、入院した。

医師の説明によると孫の肝臓の「e抗原」が異常な数値を示しているという。e抗原はB型肝炎ウイルスが体内で増殖していると血液中に出てくる。e抗原が活発に活動しているということはウイルスが増殖し、肝臓をむしばんでいるということを示していた。

「会社が終わる」

そう言われてみれば思い当たるフシがあった。

健康診断を受ける前、いつ頃からだろうか、とにかく体がだるかった。孫も過労がたたっているのだろうという程度に考えていた。朝8時半の朝礼から始まり、ほぼ毎日のように日付が変わるまで働きづめだったから、単なる働きすぎと思うのも無理はない。

だが、働きすぎというだけでは説明がつかないほど、体調不良が隠せなくなってきていた。

孫とともに奔走していた立石勝義は異変を察知していた。ある日、商談に向かうためタクシーに乗り込んだ時だった。

「ちょっと、ごめんね……」

隣に座った孫は力なくつぶやくと、投げ出した足を立石の膝にのせて横になってしまった。孫は体がだるくて仕方がないと言う。顔を手の平で覆っている。

立石は「そうとう疲れているのだろうな」という程度に思ったが、やはり孫の体調不良は尋常ではなかった。事務所の執務机の横に簡易ベッドを置くことになり、次第に横たわる時間が増えていった。

発足間もないベンチャー企業にありがちかもしれないが、当時の日本ソフトバンクは連日の徹夜のため社員がイスを並べて横になったり、寝袋を持参して床で転がったりする風景が日常化していた。社長とはいえ孫が簡易ベッドで寝転んでいても、それほどいぶかしがる社員はいなかった。

だが、孫の身体は立石や本人さえも予想しないほど深刻な病魔にむしばまれていたのだった。孫から真相を知らされたのは立石と植松逸雄の2人だった。

立石は息をのんだ。

(もし、このことが世間に知られたら会社が終わるかもしれない)

創業間もない会社の創業者が死の病を患ったのだ。いかに孫の熱意にほだされたとはいえ、その事実が伝われば、銀行は融資を引き揚げざるを得ないだろう。実は植松と立石は別々に肝炎の事実を孫から知らされたのだが、立石は秘密を守り抜くためあえて植松が知っているかさえ聞かなかったと言う。

「いいですか、私以外の人には絶対に口外しないでください」

立石は厳しい口調で孫に告げた。

「うん、分かったよ」

弱々しく小さくうなずく孫の姿を直視できなかった。

立石は当時を振り返り、「孫さんは僕に弱音を吐くことは一切なかった」と言うが死と向き合う者が醸し出す悲壮感は嫌でも伝わってくる。

(こうなったら会社は自分が守るしかない)

立石は決意した。いきなり社長が不在になると社員もすぐに異変を察知するだろう。社内に不安が広がれば、生まれたばかりのひよっこのような日本ソフトバンクはたちまち崩壊しかねない。

仲間でさえだますしかなかった。

そこで立石が方便に使ったのが、米国で孫が立ち上げた初代ユニソン・ワールドだった。孫は一切を盟友のホン・ルーに託していたが、名義の上では社長のままだった。

「社長はユニソン・ワールドの残務処理が忙しく、米国出張が続いている」

立石は社員の前でこう説明した。


病室の孫はただただぼうぜんと天井を眺めていた。腕につながれた管を目でたどれば点滴がぽたりぽたりと落ちている。電話の音がけたたましく鳴り、社員が仕事に追われるそれまでの慌ただしい光景が嘘のように病室は静寂に支配されていた。

医師によると、慢性肝炎の治療にはインターフェロンを投与する以外にないという。完治する見込みはほとんどなく単に病状の進行を遅らせるだけだ。妻の優美との間に生まれた娘は1歳半になったばかり。さらにもう1人が優美のおなかにいた。

(俺はなんのためにここまでやってきたんだ。あんなに勉強して、こんなに熱い思いで会社を起こして成したいことがあるのに、たった5年で俺の命は終わるのか……)

考えても仕方がないことが、何度も何度も頭をよぎる。

今死んだら家族は、会社は、そして事業家として世界に名乗りをあげるという志はどうなるんだ。

ポツリ、ポツリ。

病室の静けさを強調するかのように一定の間隔で落ちてくる点滴の小さな滴が、ひたひたと近づいてくる死という現実を嫌でも知らせてくれる。

「めそめそ泣きました。悲しくて、つらくて、泣きました」

普段は強気一辺倒の孫も、さすがにこの時は何もすることができない我が身の不幸を恨むしかなかった。

「物欲なんて全くなくなった。家もクルマも洋服もいらない。ただただ命だけが欲しい。生まれたばかりの娘の笑顔を、もう少し見ていたい」

そんな思いが、堂々巡りのように脳裏を何度もよぎったと言う。

孫の大病を聞きつけたホン・ルーが居ても立ってもいられずカリフォルニアから飛んできた。孫は気丈に接したが、旧知の妻優美はホンに涙ながらに伝えたという。

「夫は30歳まで生きられないかもしれない」

孫はホンに米ユニソン・ワールドを完全に譲り渡すと伝えた。孫の保有株の売却額は100万ドル。ホンが「今はそんなお金がない」と言うと、孫は融資を受けられる金融機関を紹介するから時間をかけて利益の中から少しずつ払ってくれればいいと言う。

カリフォルニアの青い空の下で夢を語り合った盟友との久々の再会だ。孫はつとめて明るく振る舞おうとするが、言っていることをよくよく考えればまるで死に支度のようにも受け止められる。

大物経営者

孫の病状は一進一退だった。e抗原の数値が下がって自宅療養が許されることもあったが、そうなると会社のことが気になって仕方がない。自宅に仕事を持ち込むだけでなく会社にも姿を見せるようになり、その結果、また数値が上がって病院に戻るはめになった。

孫の病状を気にかけていたのが恩人の佐々木正だった。その佐々木に対して孫は以前から「誰か金融に強い人を紹介してください」と依頼していた。ちょうど佐々木は日本警備保障（現セコム）の副社長、大森康彦と食事する機会があり、その席に孫を誘った。大森は野村証券のエリートとして知られた人物だ。初代企業部長や国際部長を経て1975年に日本警備保障に転じていた。「金融に強い」という孫のリクエストにはうってつけだが、年齢は孫より27歳も上だった。

3人はホテルニューオータニの地下にある「エルミー」で食事をともにした。孫が初めて会う大森は大きな黒縁眼鏡にどっしりとした体格で、ダブルのスーツがよく似合う。いかにも大物感を漂わせる人物だった。実際、野村証券でエリートコースを歩んできた大森もその自負は相当なものだったようだ。

この頃の孫は自分よりずっと年長の大物にも臆することなくコンピューターの将来やソフトウエアに懸ける夢を語ってきた。そうやって次々と協力者を得てきた「ジジ殺し」だ。他でもない隣に座る佐々木もそんな孫の熱意を誰よりも買っていた人物である。

大森が孫の熱弁をどう評価したかは分からない。一方の孫は大森を大物と見た。自分の闘病中は大森に日本ソフトバンクの経営を任せられないか。佐々木は「どうかなと思った」と言うが、そもそもまだ吹けば飛ぶような会社でしかない日本ソフトバンクに、大森が来るとは思えなかった。だが、孫は良くも悪くも一度思い込んだら突っ走る性格だ。病室を見舞いに来た大森に告げた。

「日本ソフトバンクをお願いします」

孫は大森に会うたびに言い続けた。自分が闘病しているうちは社長になって欲しいと。佐々木の予想に反して大森は孫の要請を受け入れた。

大森を野村証券から引き抜いた日本警備保障の創業者、飯田亮への配慮から、大森がまずは日本警備保障を退職してヘッドハンティング会社に登録し、そこに日本ソフトバンクが接触した、という形を取ったのだが、いずれにせよ孫は日本ソフトバンクの実権をこの「大物」に託したのだ。1983年4月、大森は日本ソフトバンク社長に就任し、孫は25歳の若さで会長となった。

「私自身は新興会社を大きく育て上げる〝育て屋〟として過ごしてきた」

就任にあたって大森は日経産業新聞のインタビューにこう答えている。育て屋を自負した大森だったが、結論から先に言ってしまえば、その彼の手によって日本ソフトバンクは分裂寸前の経営危機にまで追い込まれたのだ。

佐々木は当初から大森をそれほど評価していなかったようだが、そのことを本人に聞いても「まあ、孫君が決めたことだから」としか話さない。

もちろん、就任間もないこの時点では、誰もそんな未来を予想していない。

その年の5月27日には飯田と野村証券社長の田淵節也が発起人となり、東京・丸の内の東商スカイルームで「大森康彦君と孫正義君を激励する会」が開かれた。900

人近くが集まったが、その面々は大森の人脈の広さを雄弁に物語っていた。

三和銀行頭取の川勝堅二、イトーヨーカ堂社長の伊藤雅俊、NEC社長の関本忠弘、すかいらーく社長の茅野亮。

居並ぶ財界の大物たちを前に大森は、孫との「タンデム経営」で日本ソフトバンクの経営の手綱を取ると宣言した。孫と二人三脚のタッグを組んで経営するという意味だ。その姿を見た立石は「こんな人が来てくれれば世間の見方がずっと良くなるだろうなと思いました」と振り返る。これほど財界に名をとどろかせる人物が社長として来てくれたのだから日本ソフトバンクの未来は安泰だと思えたのだ。

だが、立石の予想は見事に外れた。大森には孫とタッグを組む考えはさらさらなかった。ふたりの関係にはすぐに亀裂が入り、やがて修復不能となる。孫は病室から出られない。絶対的に不利な戦いが始まってしまう。

天才と神童の10日間戦争

ただ、「内憂」に直面する前にいきなり「外患」がやってきた。まだ大森との確執が表面化する前のことだ。病室にいる孫にとっては看過できない事態が社外から聞こえてきた。

1983年6月16日、大森に社長の座を譲ってから2カ月半後のことである。孫は病室に飛び込んできたあるニュースに驚愕する。発信源は因縁の西和彦だった。

この日、西は東京の経団連会館で大々的な記者会見を開いた。「互換性のあるホームパーソナルコンピュータシステム発表会」との表題の下には日本のエレクトロニクス産業を代表する14社の重役たちが並んだ。ソニー、NEC、松下電器産業、日立製作所、キヤノン――。報道陣から向かって一番右に陣取った西の隣には、金髪痩軀に眼鏡の青年が座る。ビル・ゲイツである。

この頃のパソコンソフトはメーカーごとに仕様がまちまちで互換性がなかった。ゲイツは自社のBASICを改良した「MSX」で、その規格を統一させようと画策していた。日本の家電メーカーをまとめたのは天才・西だった。

(やられた!)

病室の孫は思わずうなった。ソフトウエアの規格統一のアイデアは孫の胸の中にもあった。互換性があれば当然、ユーザーにとっては便利でパソコンを普及させる起爆剤にもなる。それをゲイツと西は孫より一足先にやってのけたのだった。2人に賛同したメーカーの名を見れば、孫の敗北は疑いようがないように思えた。

（いや、これはちょっと違うぞ）

孫はすぐに思い直した。西とゲイツの提案は要するにマイクロソフトのＭＳＸにソフトウエアを統一せよということだった。それは日本のパソコン市場がマイクロソフトに牛耳られてしまうことを意味したが、百歩譲ってそこまではいいだろう。

だが、西とゲイツはこの規格に高額のロイヤルティー（使用料）をかけた。そのツケは当然、ユーザーが払うことになる。それはパソコン産業の発展にとって障害でしかない。それだけは許せない。

あえてやや話を逸らすが、孫は後年、様々な事業でこの時に西とゲイツがとったような戦略を実行することになる。業界の「プラットフォーム」を握るような独占体を目指すという発想は、この時の西とゲイツのやり方となんら変わりないのである。

プラットフォームを握るためにまずは徹底した価格破壊をしかけ、ライバルを駆逐し、そこからじわりと価格を上げて果実を得るというのも孫の戦術の定石だ。その意味ではパソコンソフトのプラットフォームを自社のＭＳＸに統一させて収益を得る西とゲイツの戦略は、理解できなくはない。

だが、ひとつだけ事情が違う。この頃はパソコン業界にとってまだまだ黎明期だった。一部のマニアだけのものでしかないパソコンをもっと世に広めないと業界全体の発展が望めない。

そんな時にマイクロソフトに高額のロイヤルティーで縛られてしまえば、市場全体がすぼんでしまいかねない——。少なくとも孫はそう考え、憤慨した。

どちらに利があるかを語るのは、判断が難しいだろう。成長産業であるパソコンのプラットフォームを早々に押さえてしまおうという西の戦略性も高く評価すべきだと、筆者は思う。

孫も義憤にかられたばかりではなく、自ら立ち上げたソフトウエア流通というビジネスの根幹を西に押さえられてしまうという恐怖心がなかったと言えば嘘になるだろう。

両者のどちらに大義があるのかは見方の問題だろう。いずれにせよ、2人は一歩も退かない姿勢を見せた。

「天才・西和彦と神童・孫正義の10日間戦争」

パソコン業界で語り継がれるふたりの若きパイオニアの対立が始まった。もとより孫にとって西は雑誌広告の件で窮地に追い込まれた因縁の相手である。孫と西の第2ラウンドが始まった。

西とゲイツの記者会見から4日後の6月20日夜、孫と西は電話で打開策を探り合った。マイクロソフトに独占を許し日本企業から高い使用料を取るのはおかしいと主張する孫。西は規格統一がユーザーの利便性につながると主張する。話し合いは平行線に終わった。しびれを切らした孫はついに宣言した。

「これから戦争だ」

その翌日21日、孫はこっそりと病室を抜け出し、記者会見を開いた。どんなに虚勢を張ったところで体はなまりのように重い。それでもここが勝負どころだと思った。不治の病の事実を知る立石や植松は気が気でなかっただろう。

「日本ソフトバンクも規格統一を提案したいと思います」

孫は病身であることをさとられないよう、いつもにも増して明るい口調で宣言した。すでに国内のパソコンメーカー21社に対してソフトバンク案への参加を呼びかけており、西・ゲイツに真っ向勝負を挑むと語気を強めた。

「この件では一歩も譲りません」

孫は頑として譲らない姿勢を強調してみせた。

その後、2人の間を取り持った家電メーカー幹部との折衝にも孫は大病を隠して参加したが、深夜に及ぶ折衝は確実に孫の体を痛めつけた。

闘争心とは裏腹に体が限界に達しようとしていた約1週間後の6月26日夜、孫は西と会談し、妥協点を見いだした。

ソフト開発会社からロイヤルティーは取らない。そして、ソフト開発の仕様はすべて公開する——。

孫が今で言うオープンイノベーションの発想を認めさせたことで、2人はようやく握手することになった。

天才と神童の10日間戦争は一応の決着を見たが、西の孫に対する敵愾心は消えるどころかますます増幅していく。なんと言っても日本のコンピューター業界を先導してきたのは他でもない、俺だという自負が、西にはある。

かりそめの握手を交わした両雄だが、この後、第3ラウンドが始まることになる。仕掛けたのは西だった。日本ソフトバンクの屋台骨を揺るがす事態となったのだが、その話はもう少し後のことになる。

守れなかった盟友

「大森さんが社長になってから何かにつけて規則、規則の一点張りで何も進みません。なんとかしてください」

「これ以上、大森さんの横暴を許すわけにはいきません」

孫は大森を社長に招聘したことで社員にも病状を明かしたが、そんな孫のもとに人目を忍んでやってくる日本ソフトバンクの社員たちが一様に大森の経営手法に対する愚痴をこぼすことになった。いや、愚痴というより直訴に近かった。

「そう言うな……」

孫は大森に日本ソフトバンクの経営を委ねた以上、我慢するよりないと社員たちをなだめることしかできなかった。だが、そんな直訴を聞くにつれて孫の中でも大森への懐疑心は強まっていく。

過剰としか思えない社交費を使って銀座で豪遊し、運転手付きの高級車を乗り回す。一流企業からやってきた大森にとっては当たり前という感覚だったのだろうが、零細企業からたたき上げた日本ソフトバンクの社員たちは納得しない。

この頃に大学を中退して日本ソフトバンクの大阪営業所に入社した馬場一は、こう証言する。

「孫さんは当時も半年に一度くらいは大阪に来ていました。孫さんの時はいつもレンタカーの日産サニーで新大阪駅まで迎えに行きます。サニーが一番安かったからです。孫さんは助手席に座って色々と聞いてくる。会長といっても若いのであまり気になりませんでした」

「ところが、大森さんの時は、いつも使いもしない車内携帯電話付きのハイヤーを手配させられました。会長はサニーなのになんでだろうなと思いましたが、私は新人だったので言われるがままでしたね」

大企業ならいざ知らず、大森自身が語っていたように日本ソフトバンクは新興企業である。そんなカネが必要なのだろうか。

日本ソフトバンクはまだまだ新興の小さい会社だ。若い社員はおエライさんたちのちょっとした振る舞いの違いをよく見ているものだ。苛烈な経費削減や規則一点張りの指示に辟易とし、次第に社員たちの心は離れていった。

一方の大森も新興企業である日本ソフトバンクの社員たちを信用しなかったよう

ったた。野村証券や日本警備保障で培った人脈を駆使して幹部級を次々とスカウトしていった。

新日本製鉄、三井造船、ブリヂストン、ヤマハ発動機……。新興のコンピューター産業で一旗揚げようという若者たちの上に、大企業から来た支配者が次々とやってくる。大森とすればきちっとした会社組織の「いろはのい」から作り直すつもりだったのだろうが、孫の情熱に吸い寄せられるように集まった若者たちにとっては次々と外からやってくるスーツを着こなす大人たちは煙たい存在でしかなかった。

日本ソフトバンクの草創期から孫とともに奮闘した仲間たちが1人、また1人と会社を去っていく。

それでも孫は動けない。肝臓の数値は一進一退。どうすることもできなかった。

そんな孫の病室に思わぬ一報が舞い込んだ。ユニソン・ワールドの創業期から孫を支え続けた植松逸雄が、大森の横暴に嫌気がさして日本ソフトバンクを去るというのだ。

さらに、大森はその植松が誘って孫の番頭を務めることになった立石に大阪転勤を言い渡した。当時の日本ソフトバンクは圧倒的に東京での仕事が多い。大阪転勤は明らかな左遷だった。

立石は黙って受け入れた。

「私もサラリーマン。指示が出ればハイという以外にありませんでした。それだけです」

実直な人柄の立石は今も大森による左遷人事に対し、多くを語ろうとしない。だが、創業期を支えた番頭としては受け入れがたい人事だったことは間違いないだろう。

話はやや飛ぶが、立石は左遷された大阪の地で新入社員として配属されたサニーの運転手こと馬場一を徹底的に鍛え上げた。立石の薫陶を受けた馬場は後にブロードバンドによる通信参入の際に奮戦し、孫から「ストリートファイター」と認められる働きを見せる。そう考えれば立石の左遷も後のソフトバンクの成長を支えることになるのだが、それはもう少し時間がたってからの話である。

話を戻そう。駆け出しから苦楽をともにしてきた植松と立石は孫にとって日本で事業家として旗揚げして初めて得た「同志」である。だからこそ孫も、この2人にだけは不治の病に侵されていることを正直に伝えた。そんな2人が大森政権のもとで駆逐された。

特に日本ソフトバンクを去る決心をした植松には、「守り切れなかった」という思いが募る。植松は大森から雑誌部門への異動を命じられ、「もう俺に居場所はない」と考えたようだった。

（すまない、植松……）

病室で同志の苦渋の決断を聞かされても、孫にはただただ涙を流すことしかできなかった。

再び手に取った『竜馬がゆく』

慶應大学病院の病室で無為の時を過ごす孫にも心境の変化が見え始めた。今でも忘れられないのが、かつて心を躍らせた本との再会だった。司馬遼太郎の手による『竜馬がゆく』だ。

『竜馬がゆく』は、多読の孫の人生において他の書物と比べようもないほど決定的な影響を与えられた一冊と言える。

16歳で日本を飛び出し勇躍渡米したのも、命懸けで土佐藩を脱藩した坂本龍馬の生き様に魅せられたからだ。米国でも何度も読み直し、日本ソフトバンクを立ち上げ「情報革命」を自らの生涯をささげる事業として選ぶ時も、孫はやはり『竜馬がゆく』

を手に取っていた。

そして人生のどん底に落とされた病室で、再び孫は人生を導いてくれたこの書をひもといた。土佐藩の下級武士の次男として生まれた龍馬が波瀾万丈の末に「日本をいまいちど洗濯いたし申し候」という本懐を遂げ、31歳の若さで凶刃に倒れる。

そこで思い直した。

（龍馬は最後の5年くらいで本当の大仕事をしている。それまでは普通の青年だったんだ。結局、人生最後の5年があれば世の中を変えるくらいの大仕事ができるんだ。俺には少なくとも5年はある。そう、5年もあるんだ。だったらその間に龍馬のように燃え尽きてやる！）

それから孫の闘病生活は変わった。考えてみればこんなチャンスはない。事業家を志してから働きづめで突っ走ってきた。でも、今俺はベッドの上で寝転ぶことしかできない。ならばこの時間を精いっぱい使ってやる。

そう決めると孫は、大量の本を病室に持ち込んだ。学生のように、とにかく手当たり次第に本をむさぼり読む。およそ3000冊もの本を病室で読破したという。マンガも多かったのだが、マンガから学ぶものだって多いはずだというのが孫の考え方だった。それに、やはりどうしても気が滅入りがちな闘病生活の気晴らしになる。

ただ、大森に委ねた日本ソフトバンクの経営は日に日に孫が思い描いていた方向からは外れていく。孫は何もできない。気づけばもう、2年近くの歳月が過ぎていた。

俺はもうダメなのか……。そんな思いが脳裏をかすめていた時、病室で時代の変遷をただ眺めるしかなかった孫に、思いもよらない一報が届いた。幼い孫を「お前は天才や」と心の底から言い続けた父・三憲からのアドバイスだった。

「正義、これでお前の病気が治るかもしれんぞ！」

三憲はたまたま東京行きの機内で手に取った雑誌で紹介されていたという治療法を受けるべきだと息子に勧めてきた。熊田博光という医師が「ステロイド離脱療法」という新しいB型肝炎の治療法を発表して注目を集めているという記事だった。

ただし、この新しい治療法には疑問も多かった。ステロイド離脱療法とはショック療法のような治療法だった。慢性のB型肝炎の患者に短期的にステロイドを投与する。すると急性肝炎と似た状態になる。そこでステロイドの投与をやめると人間の免疫力が高まりウイルスを駆逐していくというものだ。

発見は偶然だった。熊田が担当していた60代の患者の症状がなぜか急に改善したことがあった。その患者が投与されていたステロイドを勝手にやめていたことが分かり、原因を追究したことが新療法の確立につながった。

とはいえ、ショック療法に近く失敗すればさらに症状を悪化させる。日本での治療例もまだほとんどない。これに賭けるべきかどうか。孫は熊田に賭けた。座して死を待つよりリスクを取る決断を下した。そもそも孫に選択肢はなかったと言っていい。

「70～80％、大丈夫ですよ」

初めて会う熊田は孫にこう告げたが、失敗すれば死が訪れる。

孫は1984年3月、熊田の治療を受けるため慶應大学病院から、川崎市にある虎の門病院分院に移った。

結果から言えば、効果は劇的だった。3月17日に治療を始めると、どれだけインターフェロンを投与しても下がらなかったe抗原の数値がみるみると下がっていった。5月の連休明けにはもう正常な数値となり、あれだけ悩まされたe抗原がどこかに消えてしまった。

2年間、孫をどん底にたたき落としたB型肝炎が嘘のように消えてしまったのだ。まさにキツネにつままれたような劇的な回復と言えるだろう。

6月9日、孫はついに2年以上に及ぶ闘病を終え、虎の門病院を退院した。待ち望んでいた日がついにやってきたのだ。

勇躍現場に舞い戻った孫だったが、ケリを付けなければならない問題があることは分かっていた。自ら招いた大森との対決である。

みやうっちゃん

孫が大森と対峙する少し前のことだ。孫にとっても日本ソフトバンクにとっても重要な出会いが訪れる。

東京・九段に移っていた日本ソフトバンクの本社に孫が戻ってからしばらくした7月のある日のことだった。ある男が孫のもとを訪ねてきた。

宮内謙。

日本能率協会で働いているが、大森の誘いで日本ソフトバンクに転職してくるという。大森が自らの人脈を使って外部から幹部をスカウトしてくるのは今に始まったことではない。

（またか……）

孫はともかく会うことにした。これが現在にいたるまで30年以上に及ぶ二人三脚の相棒となる男との出会いだった。

この当時、宮内が34歳で孫が26歳。宮内が初めて会う孫は2年半に及んだ闘病生活から復帰してまだ間もない時期だった。ずっと病室にいたせいだろう、色白でもともと少年のような童顔がいっそう幼く見えた。

孫が肝臓を患っていることは宮内も聞いていた。視線を孫の執務机から逸らすと、まだベッドが置いてあった。

(なるほど、まだ体調が良くないのか)

だが、孫の口から出る言葉に、宮内は圧倒された。

「これからの時代はすべての机にパソコンが載るようになる。それだけじゃない。そのパソコンが全部、ネットワークでつながる時代がもう、すぐそこに来ているんだ。そう、これからパソコンでデジタル情報革命が起きるんですよ!」

数々の財界の著名人を感服させてきた孫の弁舌は長い闘病生活を経てなお盛んだった。当時はまだコンピューターと言えばメーンフレームと呼ばれる大型汎用機を指す時代。パソコンは一部のマニアのためのものだったが、宮内はプログラミングもたしなむなどパソコンには以前から関心があった。

(これはすごい男だな)

宮内は当時を振り返ってこう断言する。

「僕は会った瞬間に孫さんに惚れたんだ」

さらに言葉を続ける。

「僕は根っからのネアカ主義者だから孫さんが言うことには心底、その通りだと思ったね。今で言うビジョナリー。孫さんはあの頃からネットワーク社会が来ることを予言していた」

実は宮内は半年ほど前から日本ソフトバンクに転職することを決めていたのだが、周囲から「なんでそんな会社に行くんだ」とことごとく止められ、能率協会を辞められないでいたと言う。だが孫との出会いで腹を決め、この年の10月に正式に日本ソフトバンクに入社した。

孫に惚れたという宮内だが、孫には今でもこの出会いを振り返って「あの時のみやうっちゃんは横柄だったなぁ！」と度々言われるという。

この宮内がソフトバンクの大番頭として常に孫に寄り添う相棒となる。ソフトバンクの歩みは、情報革命の新しい波から波へと乗り換え、本業を変え続けてきた歴史でもある。そのたびに新しい波に突き進む孫を、宮内は後方から支え続けてきた。

2人の役割分担は絶妙だ。孫が何かを始めると、営業やマーケティングに長けた宮内がそれをカネのなる木に変える。孫は新しい波に飛びつくと後はすべて宮内に丸投げする。孫が新しい事業と向き合い試行錯誤する間、宮内は孫の銃後を固めるのだ。

　宮内との絶妙なタッグを孫はこんな例え話で語る。

「僕はフーテンの寅さんみたいなもんだ。新しいマドンナ（事業）に恋い焦がれてすぐに家出してしまう。5年に1度くらいのペースかな。そのたびに言うのは『みやうっちゃん、後はよろしく』だね」

　宮内も心得たものだ。

「僕は〝都合の良い男〟だから（笑）。孫さんが家出した後を切り盛りするのが僕のいつもの役目だよ」

　実際、孫は2001年にブロードバンドでNTTにケンカを売った時も、当初は宮内にソフトウエア流通の一切を任せた。英アーム買収を機にIoTへと挑戦する今も、本業である携帯電話事業は宮内に任せっきりだ。

　この翌年に入社し、やがて宮内が率いる営業軍団の隊長格となる榛葉淳は長年のボスとなる宮内をこう評している。

「あの人は自分が経営トップでやっていたとしても大成功したと思う。でも孫さんの番頭であり相談役となることを選んだのです。宮内さんにとって孫さんの思いを具現化するのが一番だということです」

「宮内さんは孫さんと相対立することも結構あるけど、自分の役割に徹しつつビジョンを持ち、現場にもすぐに降りてくる。（部下である）私の意見が正しいと思えば孫さんとも戦ってくれる。30年間変わらない。そこがすごいところだと思います」

ネアカでラテン系というのが宮内について回る人物評だ。そのあたりのノリは確かに孫に近いのだろう。創業期の番頭格である立石は、孫と宮内について「あの2人は似たもの同士なんですよ」と話す。

宮内が日本ソフトバンクに転じたのは大森との出会いがきっかけだった。大学時代にドイツ文学に没頭し、もともと文筆業に関心があったという宮内は、能率協会に入職してからもニューメディア研究会などに顔を出し、経済誌に記事を書くこともあった。

「いわゆるアルバイト原稿だね。その頃の能率協会は自由でね。1回書くと10万円くらいもらえたんだ」

サラリーマンの小遣い稼ぎとしては悪くない。経営者論を書いていた時、日本警備保障副社長だった大森を取り上げたことがあった。大森本人にもアポイントを入れてインタビューしている。これが縁で度々大森から食事に誘われるようになった。

孫が三顧の礼で大森をスカウトした際、大森は再び宮内を食事に誘ってこう言った。

「君、いつまでもそんな虚業みたいなことをやっていていいのか？」

評論家やアナリストに毛が生えたような程度のことは虚業でしかないと断言する大森はこうも言った。

「これからはパソコンの時代が来るぞ。君も一緒に日本ソフトバンクに来ないか」

もともとパソコンに興味があった宮内は大森についていこうと考えたのだった。

ソフトウイング事件

孫とともに日本ソフトバンクの草創期を支えた古参メンバーにとって、宮内は大森が連れてきた進駐軍である。宮内の直接の上司も三井物産から招かれた進駐軍。しかし、当の宮内自身は孫正義という人物にすっかり心酔し始めている。大森派と見られることに嫌気がさしたこともあったという。

「入ってすぐに驚いたのは（大森と孫の）二派に完全に分かれていたことだった。（古参の）若者が（大森の誘いで）外から来た人たちの文句をタラタラと言ってもめてばかりだった。最初はここに来たのは失敗だったかもと思ったね」

ある雑誌が日本ソフトバンクの内部分裂を面白おかしく取り上げ、組織表に部長級以上の名前を列挙し、大森派か孫派かを色分けしたこともあった。

大森と孫の間に横たわる深い亀裂には、宮内もすぐに気づいたという。

「本質的に大森さんと孫さんの考え方は合わない。大森さんは組織をガッチリ固めるタイプで、孫さんはもっとオープンに年上だろうが若者だろうが意見を聞いて走るタイプ。本当にあの2人は合わなかったなぁ」

宮内は進駐軍でありながら孫についていく覚悟を決めていた。孫もまた、大森との関係に終止符を打つ覚悟を固めつつあった。そもそも大森が就任してしばらくたつと、経費がかさむわりに急成長していた日本ソフトバンクの業績が伸び悩み始めていた。自ら陣頭指揮をとって立て直す必要がある。

孫が行動を起こしたのは現場復帰してから1年半後の1986年初めだった。孫としてはあくまで病気が治るまで大森に経営を託したつもりだった。大森を紹介したシャープの佐々木正を介して大森に社長交代を申し出たが、大森は首を縦に振らない。

孫は佐々木とも相談し、奇策でのぞむことにした。

「役員の40歳での定年制度を導入することにしました」

2月28日に開いた臨時の取締役会で、孫が告げた。大森以外の役員が孫に賛同することは事前に確認している。大森はこの時、56歳。早い話が大森への解任動議である。

大森解任の事実が公表されたのは休日を挟んだ3月3日だった。大森はこうコメントしている。

「孫氏は有能な人間だが、なにぶんまだ若く、経営者としての経験も不足気味なので、これからは社長職に就いて経営トップの経験を積んでもらいたい」

俺から見れば孫正義なんてまだまだ青二才のひよっこだ——。そう言わんばかりの大森のプライドが如実に伝わってくる言葉だ。

一方の孫はこう振り返る。

「大森さんは今で言うプロ経営者だった。ノウハウとか人脈とか、そういう部分はいっぱい持っているけど、やっぱり絆のあり方としては弱いんです」

絆のあり方——。孫がその意味を思い知らされる出来事がこの直後にやってきた。

孫が名実ともに日本ソフトバンクのトップに返り咲いた1986年、またしても激震が走った。夏ごろに社内で妙な噂が立った。

「商品の連中が独立を画策しているらしい」

商品部は全国のソフトハウスを回ってソフトウエアを仕入れる部門で、これこそが日本ソフトバンクが初めて作り上げた競争力の源泉だった。

当時の日本経済新聞によるとパソコンソフトの市場規模は500億円で、直販を除く5割のシェアを日本ソフトバンクが握っていた。全国からかき集めたソフトを7000店に卸すソフトウエア流通のガリバーの地位を築いていたのだ。

噂は本当だった。

商品仕入れ部門の社員がゴッソリと辞めて新会社を設立したのだ。結局は商品だけでなく営業担当者も含め20人が抜けた。日本ソフトバンクとは全くの競合、と言うより、日本ソフトバンクをそのままコピーしてノウハウだけを持っていった会社だ。裏で糸を引く人物の名を知った時、孫は因縁を感じざるを得なかった。

アスキーの西和彦である。

西とは創業間もない頃の広告掲載拒否事件と、米マイクロソフトも絡んだパソコンソフト統一問題で2度にわたり全面的に対決してきた。今度は孫の仲間を切り崩しにかかったのである。

西は、日本ソフトバンクから引き抜いた幹部を中心にソフトウイングという競合会社を設立した。西が率いるアスキーのほかソフトウエアの作り手であるコナミとシステムソフトも加わった。当初は「5社連合」とだけ発表されたが、残る2社は名を伏せたまま。だが三井物産が裏にいることも後から分かった。

ひと言で言えば、強大な連合軍だ。

資本金は5000万円。すぐに1億円にまで増資する計画だという。東京、大阪、名古屋、仙台、福岡に拠点を置き、一気に日本ソフトバンクの牙城を取り崩しにかかると宣言した。

いわゆる「ソフトウイング事件」だ。なぜかこれまでの主だった孫正義の立志伝では、ほとんど触れられていなかった事件だ。おそらく孫自身が「思い出したくない出来事」と語っているからだろう。それほど、衝撃は大きかった。

「強烈な危機だった」

当時、経営企画室長だった宮内は端的にこう振り返る。独立組には日本ソフトバンクが築いたソフト調達のノウハウをそのまま持っていかれたのだった。しかも当時使っていたシステムを改良してから新会社に移行する手の込みようだった。

当然ながら仕入れ先の情報から仕入れ値、販売店への卸値といった極秘情報の一切がすべて筒抜け。流通業者としての手の内の一切を持っていかれたわけだ。

9月に発足したソフトウイングは日本ソフトバンクが設定している仕入れ値より少し高く仕入れて、逆に販売店には少し安く卸すという商売に徹してどんどん日本ソフトバンクのシェアを奪っていった。

ソフトウイングの社長に就任した鈴木豊は「日本ソフトバンクに商品を任せると値崩れする。日本ソフトバンク以上に充実した体制でソフトの売り方を説明して小売店を開拓する」とあからさまな対抗意識をぶつけてきた。

実際、孫率いる日本ソフトバンクは窮地に追いやられた。仕入れ先が次々と奪い取られ、宮内によると粗利益は一気に半減したという。

もちろん、独立して同業を立ち上げることはビジネスの世界ではよくあることだ。だが、裏で手を引く西のやり口に孫は憤慨した。何より信頼していた部下に裏切られたという思いが強い。

因縁の相手による陰謀と裏切り――。少なくとも孫はそう捉えた。

「非常に悔しい思いもしたし恥ずかしい思いもあった。去る者は追わずとかっこよくいきたかったけれども、本心はすがりついて泣きついてでも止めたかった。でも止める能力がなかった」

日本ソフトバンクを去った約20人の筆頭格は、孫が闘病中に三井造船から転じていた人物だった。古参ではなかったが孫は信頼して大森が去った後も調達部門のトップを任せていた。

原点回帰

「これは一大事だ！」

焦った孫は宮内らを招集して2泊3日の合宿会議を行った。すっぽりと抜けた商品部、すなわち調達部門には宮内を起用し、巨大な連合軍にどう立ち向かうか夜を徹して語り合った。大森によって大阪に左遷されていた立石勝義も東京に呼び戻し、本部長として宮内の上に付けた。

宮内はこう誓った。

「これから10年で絶対に、何がなんでも、この造反者たちを一掃してやる」

普段は本人が言うようにネアカな性格で冗談好き。社内ではラテン系とも称されることが多い宮内も、この時ばかりははらわたが煮えくりかえる思いを隠さなかった。「造反者」という言葉にソフトウイングへの激しい憎しみが露骨に表れている。

結局、孫と宮内が選んだのは「まずは基本に忠実にコスト管理を徹底するしかない」という正攻法だった。

この後、試行錯誤を経ながら日本ソフトバンクが取り入れたのが日次管理だ。毎月一回の業績管理を毎日に変更する。日々の数字を把握することで売れ行きの変化にすぐさま対応する体制を整える。

言うのは簡単だが、この頃の日本企業の大半がそうだったように、紙で管理していたのではとても追いつかない。孫は毎日の売上高や経費などをあたかも決算書を作るように管理できる専用のシステムを作り始めた。

1チーム10人以下の小グループで採算を管理する。権限はチームリーダーに預け余計な稟議は取らない。すべてはスピード勝負のためだ。

日次管理は今も続いているが、当時のソフトバンクの経営の代名詞となり、膨大なデータをグラフで毎日管理する「千本ノック」へとつながっていく。小グループ化して意思決定に関わる作業を減らすため、伝票や稟議は極力排除する体制を整えていった。

孫にとって日次管理は実はなにも新しい発想ではなかった。あのカリフォルニアで最初の盟友、ホン・ルーと作った初代ユニソン・ワールドで手掛けたインベーダーゲームの販売でもそうだった。大学のあるオーランドの街を中心に飲食店などに置いてもらっているゲーム機がどのくらいの売上高を上げたか、毎日グラフにして管理していた。

言ってみれば孫にとっての経営の基本に立ち返り、足腰をもう一度鍛え直したわけだ。

地道な取り組みでもあり、すぐには結果となって現れないが、やはりその後数年、1980年代のうちはソフトウイングを向こうに回しての厳しい戦いが続いた。奇策なしの正攻法で根気よく戦った結果、ソフトウイングは経営が悪化し、カテナという会社に買収された。1993年のことで、宮内の「10年以内に一掃する」という宣言は現実のものとなった。

「やっぱり、僕は志じゃないかと思いますね。ドラマとかでも裏切った人が後で成功した試しはあまりないでしょう」

孫は今になって涼しい顔で語る。もちろん「裏切り者」というのは孫や宮内からの視点であり、日本ソフトバンクを去り西和彦とともに孫と戦った約20人の元社員たちにもそれぞれの志があり、勃興する日本のパソコン業界で何かを成し遂げたいと思ったのかもしれない。

ともかく、孫は西の挑戦を三たび跳ね返した。4度目はなかった。

天才・西和彦の率いるアスキーはバブル崩壊後、多角化が裏目に出て経営が破綻し日本興業銀行に救済される。この時点で西の起業家人生は幕を閉じた。実は孫にもアスキー買収が持ちかけられたのだが、孫は行動を起こさなかった。

バブルが崩壊した後に放漫経営を指摘された西。天才と持ち上げられた男はその後、一転して坂道を下ることになる。学生時代に高級ホテルを定宿とした時は成功の象徴のように伝えられたものだったが、ひとたび歯車が逆回転を起こすとメディアからは手のひらを返したように非難の的にされた。

西は経営の一線を退き大学で教鞭を執るようになっていた2005年に日経産業新聞の取材に応じてこんなことを語っている。

「銀座で一晩にロマネコンティを7本空ける生活には何の意味もない、と教えてやるべきだ」

それを敗者の弁と笑うべきだろうか。天才・西和彦が情報産業の表舞台から姿を消して久しい。

確かなことは、かつての天才が日本のコンピューター史を語る上で欠かすことができない人物であること。そして、西が盟友であるシアトルの天才ビル・ゲイツとともにこの国の情報革命の扉を開く重要な役割を担ったこと。それだけはまぎれもない事実であるということだ。

結果論かもしれないが、西が仕掛けたソフトトウイング事件はこの時期の日本企業が総じて直面する試練を、日本ソフトバンクが乗り越える上でプラスに働いた。

時代が１９９０年代に移るとともに日本を襲ったバブル崩壊である。

これもまた歴史の「ｉｆ（もし）」を語る野暮な考察なのかもしれない。しかし、もしあの時、西が日本ソフトバンクに内部分裂を仕掛けてまでソフトウイングという巨大な敵対勢力を作らなかったら、どうだっただろうか。

強気一辺倒の孫は経営の基本に立ち返って守りを固めることなく、他の多くのベンチャー企業と同じようにバブルの坂を駆け上がっていたのかもしれない。その末路が泡とはじけていてもなんら不思議ではない。

ところで2人のライバルは互いをなじり合ってばかりいたのかと言えば、意外とそうでもない。ソフトウイング事件で2人の戦いの第3ラウンドが始まる前後、孫と西は度々雑誌で対談している。西が日本ソフトバンクの社内報に登場することもあった。

雑誌『日経ベンチャー』の1986年3月号での西との対談で、孫はこう語っている。

「アプローチの仕方が違うが2人は同じにおいがする。西さんはクリエーティブで、どどっと動く、いわば先攻型。僕は後攻タイプでじっくり考えてから腰を上げる」

これには西が「いやいや、そちらの方が軽薄や！」と思わずツッコミを入れ、孫も「彼は関西出身。確かに商売となるとがめつい」と返している。さらに孫によると「我々2人の共通点は、ロマンチストだが現実的なこと」らしい。

互いに因縁の相手ながら認め合っていることが伝わってくる。

同志的結合

立て続けに孫を襲った会社分裂の危機。そこから孫正義は何を学んだのか。それは孫が今も好んで使う言葉に集約されているのかもしれない。

「同志的結合」

孫はよく「同志的結合は金銭的結合より強い」と語る。同志的結合が300年王国を実現するための孫の基本戦略をなす群戦略のキーワードであることはすでに述べた。

この言葉を孫に授けた人物こそ、孫の大恩人である佐々木正だった。

派閥抗争が誰の目にも明らかになっていた大森時代、そしてソフトウイング事件で経験した「裏切り」。なぜみんな俺のもとを去っていくんだ——。

普段は強気一辺倒の孫が胸に秘めていた悩みを、この恩人にだけ打ち明けた。佐々木は教え子を諭すようにこんなことを言って聞かせた。

「孫君ね、世の中には色々な結合があるだろ」

「結合……、ですか」

「そうだ。人と人をつなぐ結合だよ。世の中には色々なつながりがあるんだろうけど、同志的結合に勝る強い結合はないんだよ」

同志的結合――。それは志をともにするということだ。佐々木の話を聞いた孫は猛烈に反省したと言う。「欲に目がくらんだ裏切り者」とののしった造反者を生んだ原因はリーダーである自分にもあるんじゃないか、と。今になってこう振り返る。

「志を十分に共有できなかったということですね。去られた方も十分な魅力や引力を持っていなかったということだと思うんですよ。反省ですよ。その反省を踏まえて志を研ぎ澄ませて純粋なものにして共有できる人たちを集めないといけない。それが、僕が学んだことだな」

とはいえ、孫はなにも「金銭的結合」を言下に否定しているわけでもない。

「社員には養うべき家族もいる。志を共有するだけじゃダメなんです。十分な見返りも提供できないようじゃ小さな経営に終わってしまう。それじゃ、永続できる大事業にはならないなと考えたんですよ」

かといって日本ソフトバンクは今のような大企業ではない。まだまだ立ち上がったばかりの小さな会社だ。社員たちに給料を大盤振る舞いすることはできない。

そこで孫が取り入れたのがストックオプションだった。発案者は孫ではなく宮内だった。1980年代後半のこの時代、シリコンバレーの一部企業で導入され始めたばかりだったこの制度をいち早く取り入れて社員への還元と同志的結合を両立させようとしたのだった。

ソフトバンクが巨大企業となった今ではその形も規模も異なる。十分か、と言われればまだまだ十分じゃないという意見もあるだろう。だが、孫の中でこの時から一貫しているのが、佐々木から教えられた「同志的結合」を頭の真ん中に置いて考えるということだ。

迷走

孫が率いる日本ソフトバンクは1990年にソフトバンクに社名を変えた。「日本」の2文字を外したのは世界に通用する企業への脱皮を目指したからだ。

そして因縁のソフトウイングが消滅した翌年の1994年にソフトバンクは株式を店頭公開し、1998年には念願の東証1部上場を果たす。

それはソフトバンクの迷走の始まりでもあった。

孫は米国に渡った後の19歳の学生時代に「人生50カ年計画」というものを作っている。

20代で名乗りを挙げる
30代で軍資金を貯める
40代でひと勝負かける
50代で事業を完成させる
60代で次の世代に事業を継承する

21歳で生涯の恩人である佐々木正と巡り合い、24歳で事業家としての名乗りをあげた。次は軍資金集めだ。

バブル崩壊後の1990年代もソフトバンクは着々と業績を拡大し、最初の国際化にチャレンジしたが、この段階ではまだ合弁という形が関の山だった。

海外企業を手中に収めるまでには及ばない。ビジネスランドやノベルなどを日本に連れてきたことで経済界では注目を集めたが、孫の野望はそんな次元では収まらなかった。

孫は1994年に株式を店頭公開する。この際に主幹事である野村証券の担当者だった北尾吉孝を孫が財務担当として迎え入れる。北尾は銀行に頼らず社債の形でカネを市場から直接調達する手法を繰り出して孫の野望を支えていく。増資なども含め、1998年の東証1部上場までに5000億円近い資金を資本市場から吸い上げた。軍資金は手に入った。まさに堰《せき》を切ったような勢いでソフトバンクの怒濤のM&A攻勢が始まるのだった。

あまりにめまぐるしい動きなので、先に列挙しておこう。

- 1994年11月、米ジフ・デービスから展示会部門を買収（200万ドル）。
- 1995年4月、世界最大のコンピューター展示会「コムデックス」を買収（8億ドル）。
- 1995年11月、米ヤフーに出資（200万ドル。後に追加して計1億825万ドル）。
- 1996年2月、米ジフ・デービスから出版部門を買収（18億ドル）。
- 1996年9月、メモリーボードの米キングストン・テクノロジーを買収（15億

800万ドル、後に一部減額）。

- 1996年12月、豪ニューズ・コーポレーションと共同で全国朝日放送（現テレビ朝日）の株式21・4％を取得（417億5000万円）。
- 2000年9月、日本債券信用銀行（現あおぞら銀行）をオリックスなどと共同で買収（ソフトバンクは48・87％を約490億円）。

その後の数兆円単位の超大型M&Aと比べれば小粒に見えるが、当時のソフトバンクの身の丈をはるかに超える買収ラッシュだったことは間違いない。1ドル＝100円で計算しても、これだけでざっと5000億円を超える。

1990年代後半はソフトバンクにとってまさにM&Aの時代だったと言える。結論から先に言うと、米ヤフーへの出資を除くほぼすべてが失敗だった。

「大型買収が立て続けに損切りで売却。まあ、かっこ悪いですよね。もう自信喪失ですよ。5000億円も突っ込んで、全部損切りして売却です。めちゃくちゃに言われましたね」

孫自身も後にこう振り返っている。孫がこれらの投資を損切りしたのは、2000年代に入るとネットバブル崩壊の激動期だった当時にあえてブロードバンド事業を興してNTTにケンカを売るという無謀な挑戦に出たからだ。

　損切りはその資金を捻出するためである。持てるものをすべてなげうってブロードバンドという「新しい波」に向かったのだ。

　ちなみに後にアームを3兆3000億円かけて買収した際も孫は投資資産の一部を売ることになった。だが、この時はアリババ株のほんの一部とゲーム会社だけだ。孫は過去に泣く泣く損切りしたことを踏まえて、アーム買収についてこんな風に語っている。

「(アーム買収は)ゴルフで言えばサンドウエッジでちょーんと刻む程度かな。それは言いすぎとしてもまあ、ピッチングウエッジで刻んだ程度だ。昔は毎回、もう背骨が折れるかというくらい思いっきりフルスイングしていたからね。それに比べて、こんなに余裕をかましていいのかって、ちょっと(過去の)自分に対して申し訳ないくらいだね」

地図とコンパス

１９９０年代後半のこの時代、孫正義はまさに時代の寵児《ちょうじ》の名をほしいままにしていた。日本経済全体がバブル崩壊の後遺症から抜け出せない「失われた時代」にデジタル情報革命という新たな時代の息吹を捉え、積極果敢に世界に打って出る。その姿にメディアは喝采を送った。

だが、内実は迷走と言う方がふさわしかった。

まとまった軍資金を得てまず狙ったのが、本人に言わせれば「地図とコンパス」だった。

始まったばかりの情報革命は、まさに前人未踏の荒野だ。そこで「宝の山」を見つけるには何が必要か。

孫は「情報革命の情報」を集めるため、世界のコンピューター関連の情報が集まる会社を狙った。まずは未踏の荒野にあって進むべき道を教えてくれる地図とコンパスを持つべきだと考えたのであるもう一度言う。情報革命の情報を買う孫の戦略は、M&Aの損得勘定という観点から見れば失敗だ。だが、転んでもタダでは起きないのが、この男の面白いところである。

孫が最初に目を付けたのは、世界最大のコンピューター展示会のコムデックスだった。毎年ラスベガスで開く展示会は、最新のコンピューターやソフトウエアが会場を彩り、世界中からメディアや業界関係者が押し寄せる。つまり世界中から情報革命の情報が集まってくる場だ。

孫はまだ株式を店頭公開してカネを得る前にコムデックスを運営するインターフェース・グループの本社に乗り込んだ。会長のシェルドン・アデルソンは貧困ユダヤ人家庭に生まれながら一代で財をなした人物だ。

現在はラスベガスのカジノ王として名を馳せ、ビジネスの世界でも辣腕の交渉人として知られる。シンガポールにある3つのビルの上に船が浮かぶような奇抜な建築で知られる「マリーナ・ベイ・サンズ」もアデルソンの持ち物だ。

1993年秋、コムデックスを視察しにラスベガスに飛んだ孫は、その足でアデルソンとの面談のアポイントを取り付けた。

ノーネクタイで現れた孫は、この名物経営者に切り出した。

「コムデックスを買いたい。いずれ、私が持つことになります」

アデルソンは唐突な申し出に驚きつつ聞き返す。

「それで、君にはそんな資金はあるのか」

「今はカネがない。でもいずれ作ります。それまで、僕以外にコムデックスを売らないでください」

話にならない。居並ぶ重役たちは鼻で笑ったが、孫は大まじめだ。アデルソンも孫の話に耳を傾けた。

「なぜコムデックスが欲しい」

「僕はコンピューターが好きなんですよ。それになぜあなたはラスベガスから出ないのですか？　ラスベガスはあなたが思っているほど大きくないですよ」

「分かった。カネができたらまた来なさい」

そして1年後、孫はカネを作って再びアデルソンの前に現れた。今回は正真正銘、コムデックスの買収交渉が目的だ。そこで孫はいきなり、他の重役に退席するよう告げ、アデルソンと一対一で向き合った。

「僕はコムデックスをディスカウントするつもりはない。一発勝負です。あなたが売りたい価格を一度だけ言ってください。それでダメならスパッとあきらめます」

価格交渉の駆け引きは一切しないと言っているわけだ。アデルソンはしばらく考えて口を開いた。

「8億ドルだ」

「分かりました」

孫は右手を差し出した。身の丈を超えたM&Aが一瞬で決まった瞬間だった。

トランプ会談の真実

転んでもタダでは起きない、とはどういうことか——。ここでいきなり後日談に飛ぼう。20年ほども後のことだ。

2016年12月6日、孫はニューヨーク・マンハッタンの目抜き通りである五番街に姿を現した。

映画「ティファニーで朝食を」で女優のオードリー・ヘップバーンがウインドーを眺めるシーンでおなじみのティファニーの隣にそびえ立つ黒塗りのビルは当時、米メディアが24時間体制で詰めかけて厳重な警備がなされ、ちょっとした名所にもなっていた。

トランプタワーだ。クリスマスのデコレーションも始まり、ただでさえ観光客でごった返している。

孫はこの日、次期大統領に決まっていたドナルド・トランプと電撃会談を果たす。

「マサは素晴らしい男だ」

１時間ほどの会談後に１階ロビーに姿を現したトランプは、隣に立つ孫を指して居並ぶ報道陣に語った。もちろん、直前の会談時に孫が「マサと呼んでください」とお願いしたのだ。２人が会うのは初めてだが、これだけで親密さをアピールするには十分だ。

孫の胸には赤のネクタイ。スーツの下には赤のベストを着込んでいる。トランプのネクタイも赤だった。

赤はトランプが属する米共和党のカラーである。孫はトランプの懐に飛び込むにあたって細かい気配りを欠かさなかった。

それにしても、なぜこの時期に孫はトランプに会えたのだろうか。大統領選での勝利後、孫より先にトランプに会った日本人は首相の安倍晋三くらいだ。一企業の社長である孫とトランプを結びつけた人物は、公式的には「共通の知人」と説明された。日米のメディアは一斉にこの知人が誰かを探ったが特定できない。

この人物こそ他でもない、アデルソンだったのだ。

アデルソンは孫にコムデックスを売った資金を元手にカジノで大成功した。米政界ではシオニストとして有名で、いわゆる「イスラエル・ロビー」の大物という顔もあわせ持つ。筋金入りの共和党支持者でトランプ個人にも巨額の献金をしており、トランプの当選後には就任委員会にも名を連ねた人物だ。

そのアデルソンが、20年以上も前の若き孫の見事な交渉っぷりに一目置いていたのだった。

世間では孫がトランプに会談を持ちかけたと思われているが、実態はその逆だ。アデルソンが孫にトランプとの会談を呼びかけたのだ。もちろん世界中の耳目を集めるトランプにタダで会うわけにはいかない。お土産として急ごしらえで考えたのが500億ドルの投資と5万人の雇用創出だった。

これがあの電撃会談の真相だ。トランプとの会談が孫にとって吉と出るのか凶と出るのかは、まだ分からない。ただ、これまでの事業家人生を通じて縦横に張り巡らせた人脈の一端をのぞかせた出来事だった。

ビル・ゲイツの助言

「地図とコンパス」つまり「情報革命の情報」のもうひとつに照準を定めたのも、ある大物との出会いがきっかけだった。

1987年7月、孫はシアトルに飛んだ。米西海岸の最北端にあるシアトルは米国では各種の「住みたい町調査」のランキングで常に上位に名を連ねる風光明媚な土地だ。緑が多く、氷河に削られてできた深い入り江が町を取り囲む。そのシアトルから湖をひとつ越えたレドモンドにあるのがマイクロソフトの本社だ。

パソコン界の巨人であるマイクロソフトに向かう孫は興奮を抑えきれなかったに違いない。孫が志す情報革命で自分より一歩も二歩も先を行くあの男にこれから初めて会うからだ。そう、ビル・ゲイツだ。

ゲイツとのアポイントが確定したのは孫がシアトルに入ってからだった。新しく立ち上げる雑誌『THE COMPUTER』創刊号の目玉記事としてゲイツに単独インタビューを申し込んでいたのだ。

当時の日本ソフトバンクには英語が得意な社員がいなかったため、孫自らがインタビュアーとしてマイクロソフトに向かったのだった。

孫が満を持してインタビューを始めようとした時だった。執務机に座ったゲイツは机の上に置いてあった雑誌を取り上げて孫に聞いた。

「君は『PC WEEK』は読んでるの?」

「たまに目を通す程度かな」

「毎号読んだ方がいい。僕はそうしている。この業界で何が起きているかが分かるから」

(ふーん、そうか……、『PC WEEK』はビル・ゲイツも熟読しているのか)

まさに「地図とコンパス」である。そこからインタビューを始めたが、『PC WEEK』という雑誌の名は孫の胸の中で何度も響いていた。

そう思ったら行動に移すのが孫だ。まずは日本語版にするための版権を取得し、発行元のジフ・デービスが出版部門、つまり『PC WEEK』を発行する部門を売りに出すと聞きつけると、即座に入札に参加した。

万全の準備を期したつもりだった。入札のため訪れたニューヨークから日本で待つ宮内らに「もう決まりだ。取れるぞ!」と自信満々の電話を入れたが、買収交渉は予期せぬ形で突然幕切れを迎える。入札の前日に他社にさらわれてしまったのだ。

オープンな場で正々堂々と競い合う入札方式をうたっておきながら、その実は密室の中ですべてを決めてしまう。あまりにもアンフェアなやり方だ。決戦のリングに上がる直前に足をすくわれた孫は、この時ばかりは悔し涙を流したという。

ただし、やはり転んでもタダでは起きないのがこの男だ。その翌朝、「出版がダメならまずは展示部門を」と思い直してジフ・デービスの展示会部門を買収する。

この時、日本興業銀行の社員として孫をサポートした銀行マンが後にインターネット業界で事業家として名乗りをあげる。楽天を創業した三木谷浩史だ。

人生の転機は孫とともにM＆Aのために米国を飛び回っていたさなかに訪れた。

1995年1月17日早朝、阪神淡路大震災が神戸の街を襲った。三木谷はこの日、孫とともにニューヨークに出張する予定だったが急遽キャンセルした。神戸出身の三木谷は親族と友人3人を震災で亡くしたからだった。

急いで故郷に駆けつけると、神戸・須磨の公民館は遺体安置所となっていた。被災地から運ばれてきた500もの遺体がそのまま列をなすように並べられていた。

その様子を目にした時の心境を、三木谷は著書『楽天流』でこう語っている。

「この時はじめて僕は自分もいつか必ず死ぬことを意識した。そして、こう思った。一度きりの人生を思い切り生きなければならない。いつかではなく、今すぐにやりたいことをすべきなのだ」

悲惨な光景を目の当たりにして我が身に問うたことが事業家人生の出発点となる。

天国から地獄に

結局、孫はジフ・デービスの出版部門も手に入れることになる。

これで地図とコンパスは手の中にそろった。では、宝はどこに埋まっているのだろうか。その答えは展示会の中にも雑誌の中にもなかった。だが、やはり転んでもタダでは起きない。

「ヤフーという面白い会社がある」

そう口にしたのは買収したジフ・デービス社長のエリック・ヒッポーだった。

1995年のことだった。

ヤフー。

アイルランドの作家、ジョナサン・スウィフトの『ガリバー旅行記』に出てくる謎の民族の名で、汚く毛深い野蛮な種族として描かれている。他の民族からすると価値が分からない輝く石を巡ってケンカばかりしている。無益な争いをやめることがない人間の暗黒面を風刺したものだ。

そんなアウトサイダーの名を名乗るベンチャーが、まだまだ黎明期のインターネットという世界で旋風を起こそうとしているという。

いかにも孫の心に響きそうなストーリーだ。早速、ヤフーがあるシリコンバレーに飛んだ孫は紛れもない宝を発見する。まだヤフーの従業員が5～6人の頃だった。「失敗だった」という地図とコンパスを求めるM&Aが、このたったひとつの生まれたばかりのベンチャーによって実質的にはすべて帳消しとなる。ヤフーに出資し、日本にも持ち込んだ孫はソフトバンクの成長に欠かせないエンジンを得た。その話は後の章で詳述する。

この後の孫のM&Aラッシュは正真正銘のハズレ続きだった。半導体メモリーボードのキングストンはなんの成果も得られないまま売却を余儀なくされる。

日本で話題をさらったのが豪ニューズ・コーポレーションのルパート・マードックと組んで仕掛けたテレビ朝日株の取得だった。

インターネット時代の武器が映像コンテンツだと見抜いたからこそ仕掛けた提携劇だったが、大株主の朝日新聞をはじめ「黒船来襲」とばかりに日本のメディアが一斉にバッシングに走るのを見てあっさりと手を引く。

なかなか育たない日本のベンチャー育成のために一策を講じたナスダック・ジャパン創設やあおぞら銀行の創設も鳴かず飛ばず。

だが、打つ手がことごとく裏目に出たこの当時、時代はネットバブルのまっただ中をひた走っていた。インターネット関連の株高はとどまることを知らず、孫とソフトバンクの迷走も、ネット業界でわき上がるバブルの泡が完全に覆ってしまった。六本木ヴェルファーレのステージに上がった孫に、若手起業家たちが喝采を送ったのがこの頃のことだ。

ＩＴ長者とも呼ばれた当時のことを、孫はこう振り返る。

「ネットバブル。あれはすごかった。僕の個人資産も１週間で１兆円ずつ増えた時期があったんです。頂点の時は３日間だけビル・ゲイツよりお金持ちになったんだ」

「でもね、そうなるとお金なんて欲しくなくなるんだよ。本当に思った。買い物とか、欲しいという喜びが完全にゼロになるんだ。家を買いたいとかクルマを買いたいとか、そういうのがなくなる。そうなると人間、おかしくなるよ」

そんなネットバブルの狂想曲はあっさりと終わる。

２０００年代に入ると本場・米国で新興企業株の売りが殺到し始めネットバブルが崩壊する。日本にも飛び火し、ソフトバンクの株価も２０００年2月をピークに坂道を転がるように下がり続けた。およそ１００分の１にまで落ち込んだのだ。まさに天国から地獄である。

誰もがＩＴ長者たちの宴は終わりだと思った。実際に少なからず、そうなった。だが、やはりこの男は転んでもタダでは起きない。日本のＩＴ業界を取り巻く風景がどん底に見えたこの逆風の時代に、孫正義は一世一代の大勝負に打って出るのだった。

人類が新しいミレニアムの扉を開いた２００1年1月。孫は突然、周囲に宣言した。

「これから一切のアポイントをキャンセルしてくれ。誰とも会わない。俺は社長室から出る」

40代でひと勝負かける──。この時、孫正義43歳。19歳で描いた人生50カ年計画の階段を駆け上がる決断を下した。

孫が向かったのは東京・箱崎にある本社の向かいにある雑居ビルだった。1階に弁当チェーン店が入るビルのフロアをひとつ借り切った。ソフトウエアなど既存の事業は一切を宮内に任せると宣言する。孫が選んだ勝負はブロードバンドだった。

「ブロードバンドで日本に情報革命を起こす」

それは通信事業への参入を意味する。

これまでのソフトバンクの本業はソフトウエアの流通、出版、そこにポータルサイトのヤフーが加わっていた。

通信はすなわちインフラである。日本全国、津々浦々に回線を張り巡らせる。今までの事業とはワケが違う。

勝負の相手はNTTだ。日本の通信網を独占してきた巨大企業である。相手にとって不足はない。今や語り草となっているNTTとのブロードバンド戦争。無謀とも言われた勝負を戦う中で、孫のもとに腕に覚えのあるストリートファイターたちが集まってきた。

第6章 ストリートファイター

集う一騎当千の“同志”たち

PHOTO

笠井和彦（右）は孫正義（左）が三顧の礼で迎えた

恩師の言葉

「お前、今何をやっているんだ？　ちょっと銀行に顔を出せよ」

　2000年5月下旬のある日、後藤芳光は突然かかってきた電話に困惑した。声の主は安田信託銀行（現みずほ信託銀行）の副頭取だった。つい3カ月ほど前までは後藤の上司だった人物だ。

「ええ、ちょっと、2月に銀行を辞めてベンチャー・キャピタルに移ったんですけど、実はそこもついこの前、辞めちゃいまして」

「知ってるよ。とにかく銀行に来い。言っとくけど、お前に選択肢はないからな」

　上意下達が徹底している銀行という組織らしい、有無を言わせない口調だったが、後藤はその副頭取の真意を測りかねた。大学を出てから13年間勤めた安田信託を飛び出したのはその年の2月のことだった。決して納得のいく退職ではなかった。

　その1年半ほど前から後藤は深い悩みの底に沈んでいた。後藤は新規事業として行内でも注目の的だったコンサルティング部門でグループ長を任されていた。30人ほどの部下は顧客の新規開拓のため全国を飛び回っている。

だが、彼らを束ねる後藤が当時の担当常務から極秘のミッションを言い渡されていたことは、部下には知らされていなかった。

「安田信託をどうすればいいか検討しろ」

当時は安田信託の経営が悪化の一途をたどっていた。再建のプランを考えろというような前向きな話ではない。かねて行内で噂があった親会社の富士銀行による吸収をどうすれば避けることができるか。そのためには富士銀行の連中に安田信託をどうアピールすればいいのか。

この常務が指示したのは富士銀行への対応策だった。親会社に何をどう見せれば吸収されずに済むかを検討せよということだ。早い話が、幹部たちが我が身を守るための弥縫《びほう》策だ。後藤の目には、そう映った。現場を奔走する若い行員たちのことなんて何も考えちゃいない。

後藤は通常の業務が終わった夜9時ごろから同様の指示を受けたメンバーと極秘の打ち合わせをする毎日を送ることになった。だが、次の日の朝になればそんな後藤のウラの仕事を知るよしもない部下が必死で客先を回った報告を受ける。そんな表の顔と、裏の顔を持つ自分が許せなくなっていた。

（俺はいったい何をやっているんだ……）

気づけば部下の目をまともに見て話せなくなっている自分がいた。

（このままだと俺は誰の役にも立てない人間になっちまうな）

そう考えた時、学生時代の恩師の言葉が胸に響いた。

「それをしなければ自分が死んでしまうと思うようなことをやりなさい」

就職活動を間近に控えた時のことだった。趣味のジャズにのめり込んでいた後藤は、ゼミの指導教官である阿部謹也に、果たして自分はどんな仕事を選んだらいいのか相談した。その時の阿部の言葉を今も心に刻んでいる。

ただ、当時はそう言われてもいまいちピンとこない。後藤の当惑を見透かしたように阿部は笑って言葉を継いだ。

「後藤君は浮かれトンボだからなぁ。大丈夫、いずれ見つかるよ」

中世西洋史の研究で名高い阿部が記した『中世の窓から』を高校時代に読んだ後藤は、阿部にあこがれていわゆる仮面浪人を含む2浪までして一橋大学社会学部に入学していた。同期の連中と比べてどう考えても出来の悪い自分を、なぜか阿部はいつもかわいがってくれた。

そんな阿部の言葉が今になって後藤に問いかけてくる。

（俺が今やっていることは、自分が死んでもいいと思えるようなことなのか）

考え始めると堂々巡りになる。気づけば辞表をしたためていた。

（もう、この銀行の門をくぐることはできないな）

そう考えていた後藤に突然、「顔を見せろ」と言うかつての上司。ともかく行くだけ行くかと思って東京駅に近い呉服橋の安田信託本社を訪れた後藤は役員応接室に通された。

「おう、来たか」

電話を寄越してきた副頭取に代わって後藤を出迎えたのは、つい1カ月ほど前に安田信託会長を退任していた笠井和彦だった。ニコニコ笑いながら腕組みしている。

「後藤君。君も一緒に行くか？」

唐突な問いかけだが、後藤にはなんのことか瞬時に理解できた。なぜか迷いはなかった。この人にならついていける。即答だった。

「はい、行きます！」

笠井とともに、孫正義が待つソフトバンクに入社することが決まった瞬間だった。

笠井がソフトバンクに転身することは新聞報道で知っていたのだ。

カリスマ相場師

その1カ月ほど前のこと。笠井もまた、思いもしない電話を受け取っていた。

「お久しぶりです、孫です。笠井さん、お会いできないでしょうか」

孫とは6年ほど前から旧知の仲だった。笠井はスケジュールを調整しようと思ったが、間髪を容れずに孫がたたみかけてきた。

「実は今、すぐ近くにいるんです。これからお会いできませんか」

慌ただしくやってきた孫は単刀直入にソフトバンクに来てもらえないか、と笠井を誘った。実は笠井には外資系の金融機関からも誘いがあり、ほとんど話がまとまっているタイミングだったのだが、孫はそんなことはお構いなしに熱心に誘ってくる。

「インターネットなんて私は門外漢です。私がソフトバンクに行ってできることはありませんよ」

率直に話す笠井に、孫はいつもの調子で熱弁を振るう。

「インターネットとかの専門家は他にもいます。笠井さんにはぜひ、グループ戦略とか経営全般に関する意見をしていただきたいのです」

笠井は21歳も年下の孫の熱意にほだされて、ついに未体験のＩＴ業界に飛び込むことにした。

東大閥と言われた富士銀行の中で、香川大学出身の笠井は異色の存在だった。外国資金部門やニューヨーク支店長を歴任して出世の階段を上がっていったのだが、その名を知らしめたのは債券の相場師としてだった。

１９９６年に日本銀行が利上げに踏み切るとの観測が流れた時、市場の状況から考えて「利上げはない」と見た笠井は他のディーラーが売りに走るのを横目に債券を買いまくった。果たして笠井の読み通りに利上げはなく富士銀行は巨額の利益を上げた。

後藤と笠井の出会いは１９９８年4月にさかのぼる。富士銀行の副頭取だった笠井が安田信託の会長として送り込まれた。後藤が衝撃を受けたというのは就任初日の演説だった。大講堂に現れた笠井はまるで新入社員のように背筋をピンと伸ばし、両手を後ろに組んでとうとうと話し始めた。

「それまでの社長や会長はたいてい秘書が作った原稿を読むだけ。自分の言葉で話す人を初めて見ました」

さらに驚いたのがある日、後藤が外回りから帰った日のことだ。自分のデスクに笠井が座っている。何事かと思った後藤に笠井が話しかけてきた。

「お疲れさま。それで、今日はどうだった？」

特に用件はなく、単に日頃の業務の様子を聞きたいだけだったようだ。こんなことが度々あった。それも後藤に対してだけではなく、笠井は他の部署でも文字通り現場を歩き回っていた。

（古い体質の銀行にもこんなトップって本当にいるんだ）

そんな異色のトップから直々に誘われたことが後藤の人生を変えた。

「笠井さん、ところで私は何をやればいいのでしょうか。安田信託にはいましたけど財務とか経理はすごく苦手なんですよ」

ソフトバンクに向かう車の中で後藤は不安げに笠井に尋ねた。

「いや、そういうことをやるとは聞いてないから」

「すいません、あともうひとつ。英語も苦手なんです」

「英語も別に必要はないと聞いてるから大丈夫じゃ」

緊張した面持ちで孫正義の前に出ると、孫は後藤の顔をひと目見るなり言った。

「なるほど、良い目をしていますね。採りましょう」

そのまま経営戦略室に行くよう指示を受けたが、新しい職場に行くと前任者が待ち構えていた。米証券大手メリルリンチの出身だという。後藤に資金繰り表の資料を手渡してこう言った。

「いやぁ、これで僕はやっとこの仕事を後藤さんにお任せして晴れて自分のやりたい仕事ができますよ」

「え、どういうことですか?」

「後藤さんが財務の責任者になると聞いています」

「話が違うじゃない!」

そうは言っても、もう遅い。黙って手渡された資金繰り表を精査すると、後藤の表情が変わった。

(おいおい、なんだこのいいかげんな資金繰りは)

財務には自信がなかった後藤でもソフトバンクが直面している異変にはすぐに気づいた。2000年6月。米国からネットバブル崩壊の足音が聞こえてきた時期だった。

「悪魔の代弁者」

財務部門の立て直しはソフトバンクにとって急務だった。孫が右腕として野村証券から引き抜いた北尾吉孝が独立色を強めていたからだ。

そんなタイミングで後藤に続いてソフトバンクの門をたたいたのが藤原和彦だった。2001年。当時、藤原は41歳。広島に本拠を置く自動車大手のマツダからの転職だった。マツダに不満はなかったが変化がダイナミックなＩＴの世界で自分の実力を試したかったと言う。

同じ財務担当といっても2人の容貌はかなり異なる。後藤は身長177センチ体重90キロで色黒。柔道家のようながっしりした体格の持ち主である。後藤と比べ藤原はどちらかと言えば学者然とした風貌だ。薄い眼鏡の奥に大きな目が光る。どちらも物腰は柔らかい。

藤原がマツダで配属されたのはオートラマという、提携先の米フォード・モーターと作った販売会社だった。実態は寄せ集めでジャスコやイズミヤ、近鉄など異業種に参加を呼びかけて急ごしらえで作った販売網だったのだが、藤原の受け止め方は違った。

「この新しい会社で自動車に流通の革命を起こすんだ」

若い藤原はこんな夢に燃えたという。時は1980年代前半。偶然にも、ちょうど孫がソフトウエア流通で革命を起こすと息巻いていた時期と重なる。藤原は全国を飛び回ってクルマを売りまくった。

早くからフォードとの合弁会社で働いていたことで世界を意識するようになったのも藤原にとって幸運だったのだろう。30歳過ぎで一念発起して英語を猛勉強した。街中で外国人に話しかけられても日本語で答えていた藤原だったが、TOEICのスコアはすぐに935点となり、米国公認会計士の資格も取得した。

転機は働き盛りの30代後半で訪れる。経営が悪化していたマツダは1996年にフォードの支援を仰ぎ、3分の1強の出資を受けて実質的にフォードの傘下に入り、藤原は広島のマツダ本社に呼び戻された。

そこで仕えたのがフォードからマツダにCFO（最高財務責任者）として送り込まれていたゲーリー・ヘクスターだった。ヘクスターは「カミソリ」と呼ばれたフォードCEO、ジャック・ナッサーの懐刀だ。

ヘクスターから藤原が学んだのが「差の分析」だった。

「販売が増えたとか減ったとかで何が分かる？　大切なのはそれを因数分解することだ。セグメント全体の変化はどうだ？　コストは？　インセンティブ（販売奨励金）は変わったのか？　シェアは？――。それらすべての差を分析することで本当は何が起きているのかが分かってくるはずだ」

トヨタ自動車には「現地現物」という経営哲学がある。現場主義はどのメーカーも口にすることだが、財務担当者はいつも現場を回っていられるわけではない。その代わり、数字が集まる。そこが財務担当者の強みだ。数字を通じてどうやって現場を見ればいいのか。

ヘクスターが言う差の分析はある意味、孫がソフトバンクで取り入れた「千本ノック」の発想に近いのかもしれない。

もうひとつ、藤原がヘクスターから学んだのが「デビルズ・アドボケート」の発想だ。「悪魔の代弁者」と訳されるが、議論の中で多数派の意見に対してあえて少数派の批判や反論をぶつけることを言う。

「あくまで正解を導くためであって反論のための反論ではありません。財務担当者はそういう役割を担うということをヘクスターから学びました」

藤原がソフトバンクに転じたのは2001年4月。ネットバブルが崩壊し、孫が一世一代の大勝負であるブロードバンドへと踏み出した頃だった。

藤原に最初に課された役割はまさに悪魔の代弁者だった。着任するとすぐにネットバブル崩壊にあえぐ米国の現状視察に出た。そこで目にした投資先の現状はまさにボロボロ。帰国した藤原は早速、ソロバンをはじいた。

「このまま放置すれば1000億円の損失が出る」

米国ベンチャーへの投資には、孫がかなりの思い入れを持っていることを藤原も聞かされていた。だが、財務を預かる者としては進言しないわけにはいかない。孫とはまだきちんと議論したこともない。カリスマ経営者は果たして新参者の意見をまともに聞いてくれるのだろうか。オーナー会社のオーナーのやることにケチをつけて飛ばされたなんていう話はごまんとある。

藤原はまず銀行出身の笠井に相談した。

「藤原君、大丈夫、ストレートに言いなさい」

笠井の指示は明快だった。藤原は意を決して孫の前に出た。紙に簡単にサマリーを書いて、米国の投資先から手を引かないと1000億円の損失を出すことになると得意の差の分析を交えてありのままに伝えた。

孫は黙っている。初めて対峙する藤原は知らないが孫は相手の意見、特に耳に痛いが正しいと思える意見に接する時はまずは黙って熟慮することが多い。藤原がプレゼンを終えても、孫はしばらく机に置いた紙を腕組みしながらじっと見ている。そして、ようやくひと言つぶやいた。

「よう損したなぁ」

孫は新参者の意見をそのまま受け入れてすぐに対策を講じるよう命じた。孫は感覚的に動く経営者と思われがちだがその実、極めて数字にうるさい。これはソフトバンク幹部の共通見解だろう。理屈で攻める藤原の進言は自然と腑に落ちた。


孫が経営哲学を語る際に使う「孫の二乗の法則」がある。肝炎の闘病中に考案したもので25の漢字に自らの哲学を込めたものだ。有名な「孫子の兵法」と英国のエンジニア、フレデリック・ランチェスターの「ランチェスターの法則」からヒントを得たものだが、その25文字の中に「勇」がある。

もちろん勇気という意味だが、孫によると経営で重要なのは退く勇気だ。

「退却することは攻めることより10倍難しい。そして退却はトップにしか決断できない。トップが泥をかぶる覚悟じゃないとできないんだ。部下のせいにしちゃいけないんだ」

孫のこんな経営哲学を知っていれば、差の分析に裏付けされた悪魔の代弁者の意見をないがしろにすることはないと分かるが、藤原にとってはデビュー戦だ。

この後、藤原が笠井の部屋の前を歩いていた時だ。笠井が開いたドアの向こうから声をかけてきた。

「ちょっと入りなさい」

何かまずいことでもやったかなと思った藤原に、笠井はこう語りかけた。

「いいか藤原君、これからも社長と話をする時は傷口に塩を塗り込むつもりでやりなさい」

そのひと言で、藤原は新しい職場の流儀を理解できた気がした。

「名古屋で終わる気か？」

2001年6月のある日の朝だった。宮川潤一の携帯に見知らぬ番号から着信があった。

「もしもし、どうも。孫です」

「は？　誰ですか？」

「ソフトバンクの孫です」

「ええっ？　孫さんって孫正義さん？」

「そうです。これから大阪に行くのですが、今日中にそのまま東京に戻ります。宮川さん、帰りの時に名古屋で新幹線に乗ってもらえませんか？　席は押さえてあります」

いきなり新幹線に乗れとは聞いたこともないような話だが、宮川はなんとなく察しがついた。宮川が経営する名古屋めたりっく通信を買収したいという申し出を、ソフトバンクから受けていたからだ。

買収の打診は2回あったのだが、2回とも断っていた。孫からの電話を受けた時も自分の会社を売るつもりは毛頭ない。ただ、自分の前に立ちはだかる巨大なライバル会社の総帥には関心があった。宮川が地元の名古屋で始めていたＡＤＳＬによるブロードバンド。そこにいきなり「１００万人構想」を掲げて乗り込んできたのが、孫率いるソフトバンクだった。

「分かりました。時間を教えてください」

孫が指定した新幹線に宮川が飛び乗ると、そこは異常な空間だった。孫は1車両丸々押さえていたのだった。車両の真ん中の方にテレビでおなじみの孫が座っている。その隣に見たことがない男が1人。周囲は空席で、車両の端の方にソフトバンクの社員と思われる何人かが座っていた。

孫の隣に座る男は筒井多圭志と名乗った。ソフトバンクが新しく始めたブロードバンド事業の技術を任されているという。孫と筒井が座る席だけ、前の席を反転させて対面する形になっている。宮川は挨拶を済ませると2人の前に腰掛けた。

孫が聞いてきたのは宮川の予想に反して買収うんぬんではなく、極めて技術的なことだった。

「宮川さんの名古屋めたりっく通信では確か、アネックスCを使っていますね」

「ええ、そうですが」

「ウチはアネックスAなんですが……」

宮川が採用するADSLによるブロードバンド回線のシステム構成図やキャパシティー設定のひとつひとつを詳細に聞いてくる。アネックスAとCの違いの次はNTTとの交渉に話が移った。ADSLを展開するためにはNTTの協力が必要だが、孫はこれがなかなか難航していて進まないと言う。

東京駅までの1時間半余りの道中はそんな話に終始した。新幹線が停車しプラットフォームに降り立つと、孫は「じゃあ」と言って何事もなかったかのように踵《きびす》を返し、スタスタと歩き去ってしまった。宮川はただ1人その場に取り残された。新幹線の往来を告げるアナウンスだけが響いていた。

（あれ？　俺、もう帰っていいのかな）

あっけに取られたまま名古屋にとんぼ返りしたが、その日の夜に今度は宮川の秘書のもとに孫の秘書から電話が入った。東京で夕食をともにできないかということだった。

孫が指定してきた高級料亭の「吉兆」に入ると、今度はだだっ広い個室に孫が1人で座っていた。手にはノートを持っている。

話はまたADSLの技術的な詳細から始まった。孫は宮川の話を聞きながらノートにメモを取っている。

「そうか！」「なるほどなぁ」

孫はいちいち大げさに相づちを打ちながらペンを走らせる。アイデアをノートにしたためるのは孫が若い頃からの習慣だ。ちらっとノートをのぞくと、孫の字はお世辞にもうまいとは言えない。

(東証1部上場の会社なのに、こんな社長もいるもんなんだな)

ふたりの話は自然と互いの人生哲学につながっていく。

「君はなんのために仕事をやってるんだ」

孫の問いに対し、宮川は以前から考えていたことを率直に話した。

「僕が引退するか死ぬか。なんでもいいから、その後に100年続くような、そんなことをやってみたいと思っているんですよ。それが会社でもいいけど、なんだっていいんです。例えば公園をひとつ造ってそれを100年残すとか。僕は自分が生きた証を残したいんです」

「なるほど、俺に近いね」

ただし、と付け加えると孫は言い放った。

「まあ、俺の場合は300年だけどね。300年続く組織を、俺は作る」

そこから堰を切ったように孫は、300年王国建設への野望を宮川に熱く語った。

(なるほど、これが孫正義か。こりゃあ、かなわんな)

いつの間にか、すっかり宮川が聞き役に回っている。頃合いを見計らって孫が切り出した。

「それで、君はこれから名古屋めたりっく通信をどうしたいんだ?」

「実は今、ＩＰＯ（株式公開）を検討していて、そのまま名古屋に根ざしたＡＤＳＬカンパニーとしてやっていこうと思っています」

「そうか。うん。ＩＰＯすることを俺は否定はしないけど、どうかな」

孫がじっと宮川の目を見据えた。

「男だったらもっと大きいことをやらんか？ 俺と一緒にもっと大きなことを。君は名古屋で終わる気か？」

禅寺の跡取り息子

ソフトバンクの幹部陣は社外から飛び込んできた腕に覚えのある者が大半だが、宮川潤一はその中でも異色の経歴の持ち主だ。本当は今頃禅寺でお経をとなえる毎日を過ごしているはずだった。

育ちは愛知県犬山市。父親は臨済宗の禅寺の住職だった。長男の宮川も寺を継ぐことを期待されていたが、宮川はそれが嫌で仕方がなかったと言う。

高校3年の時に、入試で3番目以内に入った学生には学費や生活費が無料になる特待制度を設けている私立大学を見つけ、父親には内緒で受験した。なんとか3位で合格し、経済学部に進もうと思ったが父親から強硬に反対された。

「お前は坊さんの息子なんだからダメだ。大学では仏教を勉強してこい」

こうして宮川は京都の花園大学仏教学科に進んだ。花園大学は実家の禅寺と同じ臨済宗妙心寺派の大本山である妙心寺が設立した大学だった。実家の寺を離れて京都で4年間、学生生活を送るうちに、やはり寺を継ぎたくないという思いが一段と強くなっていた。

「俺は会社を経営したい。35歳までは好きにやらせてもらえないか」

父を説得すると地元犬山市の会計事務所に入り、会計実務の勉強を始める。会計の基本を身につけると1人でゴミ焼却炉の会社を立ち上げた。

実は宮川の本音は「35歳まではやりたいことをやる」ではなく「35歳までに会社を株式公開させて事業を拡大し、坊さんを継ぐ道から逃げ切る」だった。会計事務所を辞めたのが26歳の誕生日を過ぎた頃。10年で会社の道筋をつけるには「時代の風に乗るしかないと思った」と言う。

当時は環境ブームのまっただ中。宮川が発泡スチロールの試作品から作った家庭用の小型ゴミ焼却炉「火美庫《ひみこ》」は郊外型のホームセンター店などでそこそこ売れた。ただ、焼却炉のビジネスが軌道に乗り始めた頃、「畑違いのところで全く強さの違う風が吹き始めた」。それがインターネットだった。

もともと割が合わなかったら手を引こうと思っていた宮川は、あっさりとゴミ焼却炉の仕事を終えてインターネットを始めることにした。インターネット・サービス・プロバイダー。単にプロバイダーと呼ばれることが多いサービスだ。

ただ、仏教学科を出て会計を学んだ自分にはＩＴの知識は全くない。宮川には専門家の助けが欠かせない。そこで宮川は地元の名古屋大学と岐阜大学に足を運び、ネットワーク構築の手伝いをしてくれる学生を紹介してもらえないかと頼み込んだ。

岐阜大から協力が得られることになり、倉庫の片隅でプロバイダーの試作機を組み立てた。当時のインターネットには今のような高速ネットワークはなく、電話回線のダイヤルアップを使う。仕組みは難しくない。宮川が実際に試してみるとちゃんと動いた。

ここで宮川は一計を案じる。自分にはカネがない。いかに電話回線を転用するといえども、ネットワーク網を自力で築くことは現実的ではない。「それならば」と思いついたのがフランチャイズ方式だった。システムのノウハウを売って加盟金を取る。インターネット黎明期にこのお手軽さが受けた。宮川が始めた「ももたろうインターネット」への加盟者は一気に120ほどに広がった。

「どこかのモデムがログインすると（本部の機械が）ピーヒャラ、ピーヒャラと鳴るんです。もう朝から晩まで鳴りっぱなし。そのたびに1万5000円が落ちてくる。これはしめたもんだと思いましたね」

ここで宮川は次のステップとしてADSLに目を付けた。ADSLは「非対称デジタル加入者線」と訳されることが多い。電話回線を使うのはこれまでのダイヤルアップ接続と同じだが通信スピードはケタ違いだ。

利用者がデータを送信する時と受信する時でスピードが違うので「非対称」なのだが、通常のネット利用でユーザーが速いかどうかを実感しやすいのは受信の速度だろう。ADSLなら受信速度が当時、通信の巨人NTTが手掛けていたISDNと比べ10倍以上ものスピードが出た。

当時としてはサクサクとネットを楽しむことができるため、ADSLというより「ブロードバンド」の呼び名で定着していった。

ただし、弱点がある。設備投資に膨大なカネがかかるのだ。電話回線をそのまま使うダイヤルアップと違い、NTTの局舎に専用の機材を置く必要があるからだ。ユーザー側にもモデムを置く。

しかもNTT局舎から5キロほども離れるとつながらなくなる。全国レベルでADSL網を築こうとすれば利用者がネットワークの網の目からはみ出さないようにしないといけない。

宮川のももたろうインターネットは名古屋近郊に絞った地域密着型で勝負するつもりだったが、それでも投資のリスクは大きい。自力でやるべきかどうか検討している、ちょうどそんな時だった。

1999年末、東京めたりっく通信社長の東條巌から提携の打診が届いた。東京めたりっく通信はいち早くADSLに進出したことで話題となっていた。まさに渡りに船だった。年が明けた2000年に折半出資で名古屋めたりっく通信を設立し、社長には宮川が就いた。

ただ、ブロードバンドは宮川が考えていたよりはるかにカネのかかるビジネスだった。

「2カ月ごとに5億円増資しないと回らない計算でした。いつの間にか僕の仕事は金策になってしまった。3回目の増資まではがんばったけど、この先は厳しいなという時に孫さんから電話がかかってきたんです」

宮川はそれでも名古屋めたりっく通信の株式を公開してカネを調達し、自力で生き抜くつもりだった。そんな宮川を孫は口説き落とした。名古屋めたりっく通信はソフトバンクに売却し、仏教学科出身の異色の技術者が孫の軍団に加わった。

マッド・サイエンティスト

宮川が異色の技術者なら、この男は正真正銘の技術者と言えるだろう。筒井多圭志。孫正義をして「天才」と言わしめる人物だ。後に長くソフトバンクのチーフ・サイエンティスト（ＣＳ）を名乗ることになる。だが社内ではマッド・サイエンティストで通っている。

新幹線の中で孫と並んで宮川を待っていたあの男だ。

その経歴は宮川に負けず劣らず異色だ。１９６０年生まれだから孫より3歳下でほぼ同世代。子供の頃からコンピューター好きだったという筒井は東京大学工学部に入ると親からの仕送りをつぎ込んでマイコンの自作にのめり込んだ。

だが筒井は東大から受験し直して京都大学医学部に移る。京大で医師免許も取得することになるが、やはりコンピューター好きは変わらなかった。京大医学部は本部キャンパスよりやや西側にある。他学部の学生との交流は少ない。だが筒井は工学部や理学部の学生に交じって大型計算機センターに通い詰めた。

４年生になるとＵＮＩＸ専門のソフトハウスを始める。この頃、すでにソフトバンクを立ち上げていた孫と接点ができた。ＵＮＩＸの専門家を探していた孫の秘書から突然、電話がかかってきた。孫の米国出張に同行して欲しいということで、学生の筒井は実際にカリフォルニアに同行している。

その後、10年ほどは人工知能の研究に没頭したという。その後、大学院を中退して森ビルアーク都市塾や帝京大学で教鞭を執っていたところ、ある勉強会で孫と再会する。

「お前、こんなところで何をやっとんのや?」

それから大学で教える合間に孫の仕事を手伝うようになったのだが、２０００年になって孫から誘われた。

「筒井、お前な。もう大学で遊んどるヒマはないぞ。そっちを辞めてこっちに来い」

この筒井が考案したフルＩＰによるＡＤＳＬこそが、孫が大勝負をかけることになるブロードバンドの基本設計となる。

ＩＰとはインターネット・プロトコル、つまりインターネットによる通信手段のことだ。技術的な詳細は省略するが、すでに先進国で広がっているATM(非同期転送モード)と比べて通信速度が段違いに速い。だがその分、技術的には難しい。

果たしてこの技術で巨艦NTTに立ち向かえるのか。社内では完全に「反対」でまとまった。

そもそも日本全国に回線を張り巡らせる通信インフラに関しては、ソフトバンクは全くの素人だ。フルIP技術でこれだけの規模のインフラを整えた例はない。新参者のソフトバンクには手に余ると考える方が普通だろう。

だが、孫が押し切った。部下の意見に理があると思う限り、頭ごなしに命令することのない孫だが、この時は違った。

「もういい。俺は筒井と心中する」

ゼネコンから来た営業マン

「今井君、トウを建てようと思うんだけど、手伝ってもらえないか?」

大手ゼネコン鹿島建設の営業マンとして鳴らす今井康之は2000年初め頃のある

日、孫正義からこんな電話を受けた。

（おお！　孫さん、やっと本社ビルを建てる気になったか）

本社ビル建設はもう何年も前から今井が孫にふき込んでいたことだった。すでにソフトバンクは大企業に成長している。この男ならとびきり高い超高層ビルを建てるに違いない。

「承知しました。それなら鹿島にお任せください」

詳しい話を聞こうと東京・箱崎のソフトバンク本社に駆けつけると、孫は思いもしないことを言い出した。

「いや、だからトウだって。ビルじゃなくてトウ」

孫が建てようと言うのは本社ビルではなく鉄塔だった。巨大な鉄塔を建ててそこにネットワークを通す。そこから電波を飛ばして無線ブロードバンド網を作るという。1990年代末頃に盛んになった第2東京タワー構想に一枚かもうということだった。

気を取り直した今井は公園法を調べ直し、国土交通省の東京航空局にも足を運んだ。どうも難しいと分かったが孫はあきらめない。

「今井君、秋葉原の方でも計画があるぞ。今度こそ世界一だ！」

秋葉原に世界最大級の電波塔を建てる構想を聞きつけると、孫は再び今井を誘った。しかも今度は鹿島からソフトバンクに移ってこいと言う。今井が孫という経営者に注目していた一方で、孫もこのしつこい営業マンに目を付けていたのだ。

「今井君さぁ、ビルを20棟も建てていったい何が面白いっていうんだ？　こっちに来て一緒にやろうよ。なんと言っても世界一だぞ」

今井は当時、年に20棟程度のビル建設を受注するやり手の営業マンだった。だが孫はビルを建てることになんの意味があるのかと言って、今井の仕事を全否定してくる。

「あの時はものすごく頭にきましたよ。でもその頃には孫さんのことは同世代で圧倒的に速く走っている人で、そんな人と一緒に仕事をしたいなという気にもなっていたのです。それに世界一という響きにすごく惹かれましたね」

１９９０年代から何度も本社ビルの建設を売り込むうちに今井は、この１つ年上の異端児とともに走りたいという思いに変わってきたと言う。

20年近く勤めた鹿島を辞めて２０００年４月に未経験のＩＴ業界に飛び込んだ今井だったが、まさにそのタイミングでネットバブルが崩壊し、ソフトバンクの株価も急降下し始めた。孫の電波塔参画構想はあえなくついえたのだった。

転職先でいきなり働き場所を失った今井は、まずは建設業界から攻めることを考えた。ゼネコンがビルを建てる際にはいくつもの業者が絡んでくる。ならばデベロッパーが直接業者から調達できるサイトを作ったらどうだろうか。様々なデベロッパーが使える共通の資材調達プラットフォームを作るというアイデアだった。

孫に相談したところ、早速、森ビルの実質的な創業者である森稔に提案しようということになった。

「面白いですね。ただし、ウチとだけやってもらえませんか」森がこう提案してきた。

「分かりました。そうしましょう」

孫はあっさりと森の提案をのんでしまった。

「孫さん、森ビルとだけやったんじゃ、我々の構想と違いますよ」

帰りの車中で孫に詰め寄ると、孫は事もなげに言う。

「いいじゃん。そんなのまずは森ビルと成功させてだんだん広げていけば」

孫はこの頃、すでにブロードバンドの構想で頭の中がいっぱいになっているようだった。「社長室から出る」と宣言する直前のことだ。

実際にブロードバンド事業が走り始めると孫は本当に社長室を出て雑居ビルにこもってしまう。すると今井のもとに孫の秘書から電話がかかってきた。

「すぐに社長がいる会議室に来てください」

雑居ビルの会議室に入ると孫が建設業者との打ち合わせの最中だった。ＡＤＳＬを開通させるにはＮＴＴ局舎などでの工事が欠かせない。だが建設に関しては素人の孫と業者の話がかみ合わない。

今井は黙って聞いていたがつい口を挟んでしまった。

「この工程表だとクリティカル・ポイントが分かりませんね」

クリティカル・ポイントとは建設用語で、工程管理の節目を指す。建設業者は「話が通じる人が来た」とばかりに今井の方を向いて説明を始めた。

会議が終わった後、孫は今井に告げた。

「お前、今から建設本部長な」

「え、どういう意味ですか」

「だからＡＤＳＬの建設本部長」

「いや、私は今、森ビルと新しい会社を始めたばかりじゃないですか」

「そんなもん、誰か他の奴に任せればいいだろ。お前はウチにとって今、何が一番大事か分かってんのか？」

それは今井にとっての地獄の日々の始まりだった。

「胴元になる」

読売巨人軍がストーブリーグの話題をさらうのは今も昔も変わりない。前年に中日に競り負けていた2000年シーズンもまた、目の色を変えたように大型補強に走っていた。

広島から主砲の江藤智を獲得し、松井秀喜や清原和博、高橋由伸と大砲が並ぶ超重量級打線は「ミレニアム打線」と名付けられた。投手陣でもダイエーから優勝請負人の工藤公康を補強し、梅雨が明ける頃には独走態勢に入っていた。

孫正義がかつての盟友を誘って東京ドームに観戦に訪れた頃には、長嶋巨人はすでに中日を引き離し、4年ぶりのセ・リーグ制覇へとひた走っていた。

盟友の名は大久保秀夫。情報通信企業のフォーバル創業者で、以前は新日本工販と名乗っていた。

2人は若い頃から家族ぐるみでの付き合いだ。この日も互いに夫人同伴のリラックスした雰囲気だった。妻同士は夫たちにも増して普段から仲が良い。

気心の知れた大久保と会う時には孫もネクタイなどしない。ＶＩＰルームにも球場からの熱気が十分に伝わってくる。野球好きの孫はいつものようにニコニコしながらダイヤモンドを眺めていた。

飲み物を取りに、ＶＩＰ用スタンドからつながる個室に入った時だった。孫が大久保につぶやいた。

「大久保さん、今度うちでＡＤＳＬやるよ」

「ええ、そうなの？」

「そう。その話をしたいんだけど。今度の日曜は空いてる？」

日を改めて大久保が休日のホテルオークラに行くと、孫と笠井和彦が待っていた。孫の目つきは東京ドームの時とは全く違う。

「日本にブロードバンド革命を起こすんです。ＮＴＴに挑戦するんですよ。俺はこれに人生を懸けるんだ」

（これは本気だ）

孫の表情から大久保はすぐに悟った。

詳しく聞けば単にＡＤＳＬをやるだけでなく日本全国をＩＰ化すると言う。インターネットでのし上がったソフトバンクがついに通信のインフラ事業に乗り出すというわけだ。

「また一緒にやろうよ」

そう言う孫に大久保は即答した。

「うん。やろう」

大久保にとっては感慨深いものがあった。孫はあの時の約束を15年たった今、まさに実行に移そうとしているのだ。15年前のあの日の孫の言葉がよみがえる。

「大久保さん、見ていてくれよ。いつか必ず俺は胴元になってみせるから。俺はいつかあっち側の、胴元の立場になってみせるからね」

「胴元」

巨大な資本を必要とする通信インフラを牛耳る大企業のことを、あの時、確かに孫はそう呼んだ。２人で日本の通信網に革命を起こしてやろうと挑み、敗れた。あの苦い記憶がよみがえってくる。

上から目線の男

時代はさかのぼり1985年。大久保が率いる新日本工販の課長の1人が大久保にこんなことを言ってきた。

「日本ソフトバンクの孫さんっていう社長が面白い人らしいんです、一度会ってみませんか」

この課長が日本ソフトバンクの課長と知り合いで、互いの会社のトップが似ているという話題になったという。パソコンに興味があった大久保は早速、会うことにしたが約束の時間になっても孫は来ない。結局、40分ほども遅刻してきた。

挨拶もそこそこに孫はいきなりこんなことを言い出した。

「社長さん、本当にパソコンを使うのならどこことも取引せずにウチとやってください。それならこっちも本気になりますよ」

40分も遅刻してきたことに悪びれるそぶりなど全くない。

「上新電機も最初はソフトを売れなかったけど、僕がやってから売れるようになったんです。商品を置く位置とかもお客さん目線でいちから僕が考えたからです。僕が本気になればそうなります。だから、本気になって欲しかったら僕とだけ付き合って欲しい」

孫はまくし立てるようにしゃべると慌ただしく帰っていった。

大久保はこう振り返る。

（なんだ、あの人は……）

「正直言って良い印象はなかったですね。来ていきなりこれかよ、と。一緒に仕事をやろうという気持ちにはならなかった。起承転結で言えばいきなり結から入るようなしゃべり方でした」

40分も待たされた揚げ句にいきなり上から目線のセールストークである。大久保がこう思ったのも、当然と言えば当然だろう。この時、孫は28歳。大久保は自分より3歳下の経営者の立ち居振る舞いに閉口させられた。そもそも大久保は遅刻が大嫌いなのだ。

孫ともう一度会おうと思うこともなく、そのまま数カ月が過ぎた、ある日のことだった。

「社長さん、今日の夜は空いていますか？　メシでも行きませんか？」

孫からの電話だった。

「夜、仕事が終わってからならいいですが」

「それならこちらも好都合です」

2人は深夜11時頃に落ち合うことになった。

「社長さん、新電電って成功すると思う？」

孫が話題にしたのはこの年に始まった通信自由化だった。


第二次臨時行政調査会、いわゆる土光臨調の政策提案の柱だった官業の民営化が総仕上げに入り、政府が運営する鉄道、電話、タバコの会社を民営化させることになる。現在のJR、NTT、JTである。

通信では公衆電気通信法が電気通信事業者法に改正されて民間企業の参入が可能になる。これによって生まれたのが新電電だ。電電公社（後のNTT）が独占する日本の電話通信に風穴を開ける挑戦者と称された。

3つできた新電電の中でも異色の存在だったのが第二電電（後にDDI、現KDDI）だった。

NTTの職員だった千本倖生が京都商工会議所で行った講演を聞いたのが京セラ創

業者の稲盛和夫だった。講演を機に知遇を得た稲盛に、千本はある時、かねてから温めていた構想をぶつけた。

「日本で2番目の通信会社を作りましょう」

他でもないNTTの職員である千本の提案に稲盛は驚きを隠さなかった。だが、千本は本気だった。なぜNTTに弓を引こうと思ったのか。当時の心境をこう振り返る。

「NTTが独占しているせいで国民が高い電話代を払うのはおかしいと、当のNTTに居ながらずっと思っていた。ただの思いつきじゃないよ」

そんな千本の思いが伝わったのだろう。数週間後に稲盛から返事が来た。

「腹を決めた。国のために一緒にやろう」

「俺と結婚しよう」

ただ、孫は新電電がすんなりと成功するとは思えなかった。大久保も同感だった。とても巨大独占企業であるNTTに太刀打ちできるとは思えなかった。民営化したと言ってもNTTの筆頭株主は今に至るまで政府である。実質的に政府と一心同体と言っていい。これも、今に至ってもあまり変わらない。

「じゃ、どうすればNTTの独占を崩すことができるだろうか。ひいては日本の硬直化した通信産業に風穴を開けるには、何が必要だろうか」

2人の議論は白熱し、とっくに日付は変わっていた。大久保の中にあった孫へのわだかまりが、次第に消えていく。

孫には告げていなかったが、そもそも大久保が25歳で起業を決意したのは、この国の電気通信制度の現状に憤りを覚えたからだった。

当時は電話や通信に関わる者すべてが電電公社を向いて仕事をしていた。大久保が調べたところ、当時の法律では日本の会社は社内にいくつもある電話機のうち1台は電電公社のものを使わなければいけないという決まりがあった。

それもおかしな話だが、逆に言えば1台だけだ。それなのになぜみんな電電公社としか仕事をしないのだろうか。大久保の疑問にある電話機メーカーの首脳がこう答えたという。

「官と握手している時は軽く足で民を踏み、民と握手している時は軽く足で官を踏む。それが今の業界。だから民にだけ思いっきり傾注することは不可能なんです」

愕然とするとともにすさまじい怒りが大久保の腹の中にこみ上げてきた。巨艦・電電公社に挑むのが自分の宿命じゃないのか。いつか電電公社の独占を崩してみせる——。そんな決意のもと、たった1人で立ち上げたのが新日本工販だった。

そんな大久保の胸に、孫が投げかけた疑問が響かないわけがなかった。

孫と大久保が疑問視したのが、新電電に割り当てられた4ケタの番号だった。例えば、利用者が第二電電で通話するなら、電話番号の前にまず「0077」を回さなければならない。日本テレコムなら「0088」だ。

「回す」と言うのは、当時はまだプッシュボタン式ではなく、指でダイヤルを回していたからだ。ただでさえ面倒な4ケタが今よりずっと煩わしく思える。これが新電電普及の妨げになっていると、2人は考えた。

逆に言えば、その煩わしさをなくすモノができればどれだけ便利だろうか。そういうモノを作ればいい。

「大久保さん、俺と結婚しよう！」

孫は大久保にこう迫った。いつの間にか呼び名が「社長さん」から「大久保さん」に変わっている。

（コンピューターに強い孫さんと通信に強いウチが組んだらできないことじゃないな）

大久保はそう考えた。

「よし、やろう」

2人はそれからほぼ毎晩会うようになった。場所は決まって渋谷・道玄坂のファミレス。互いの仕事が終わる11時頃から打ち合わせが始まる。最初の頃は世間話は一切なし。ファミレスのボックス席に座るなり仕事の話になる。

手書きの図面を広げてああでもない、こうでもないと話し込む。まだ若い2人だ。時に議論がヒートアップして周りの客を驚かせることもあった。

そんな調子で毎晩やり合っているうちに、2人は互いのこれまでの歩みを語り合うようになった。

共通点

孫と大久保には共通点があった。死と向き合った体験だ。

大久保は5歳の時に交通事故にあった。自動車にひかれて病院に運び込まれた。母親が駆けつけると医師はこう告げたという。

「残念ですがお子さんはもう、助かりません」

大久保は事故にあった記憶はない。数日間、死の淵を漂い歩き、病院のベッドで目が覚めると、そこには母親の顔があった。大久保の家は母1人、子1人だった。母は毎朝7時に家を出ると夜まで働きづめで大久保を育てていた。

「おかあちゃん」

5歳の1人息子が絞り出した声に母親が泣き崩れたことだけは、はっきりと覚えている。

一命はとりとめたものの、足の骨がぐちゃぐちゃに砕けていた。医師からは、もう、歩くことはあきらめるように言われたが、大久保少年はそう思わなかった。「俺はいつか歩くようになるから」。気丈に言う息子に、母親はこう言って諭した。

「いいかい、神様が本当は死んじゃったあなたを特別に生かしてくれたんだよ。だからあなたは大きくなったら人のために生きなきゃダメなんだよ」

母親は何度も何度も、刷り込むようにこの言葉を繰り返した。大久保少年が我が身に降りかかった不幸をうらむことなくつらいリハビリに耐えられたのは母親の存在が大きかったからだろう。一生歩けないと言われた少年は、小学校高学年になると車いすも松葉づえも要らなくなっていた。

「もし余命3カ月と言われたらどうする?」

大人になり25歳で起業した大久保は、少年時代のつらい体験からこんな人生哲学を持つようになった。

そんな話になると、孫もまた命の危機に直面した経験を大久保に話すようになった。

「僕も余命5年って言われたんです」

あの独りぼっちの病室で何を考えたのか。気心の知れた間柄になった大久保に、孫は話すようになっていた。

互いの自宅に家族を招き合うようになると、今度は妻同士が友達になった。孫の娘と大久保の息子が同い年で仲良く遊ぶようになったことで、家族ぐるみの付き合いが始まった。

深夜のファミレスでの密会は1年に及び、2人はついにある機械を発明した。

「NCC・BOX」と呼ぶ手のひらに載るサイズの箱だった。簡単に言えば電話の自動接続機だ。これを自宅の電話回線に取り付けると、どの会社の回線が一番安いのかを瞬時に選んでくれる。利用者はあの煩わしい4ケタのダイヤルを回さなくてすむのだ。

「これでNTTの独占に風穴を開けてやる！」

意気込んだ2人は思い切った行動に出る。まだなんの実績もないNCC・BOXを一気に100万個も生産しようと決め、東芝とシャープに発注してしまった。もう後には引けない。2人の両肩には30億円以上もの費用がズシリとのしかかった。

実の所を言えば、孫にとってはNCC・BOXは雑誌で被った10億円の損失を穴埋めするための打開策でもあったのだが、ここが勝負だと思うとついつい、さらに大きなリスクを背負ってしまった。勝負師の性《さが》なのかもしれない。

では、実績のない機械をどう売ればいいだろうか――。2人はここでも思い切った策に出る。売るのではなく、利用者に無料で配ろうと考えたのだ。料金はこの機械によってメリットを得る新電電からロイヤルティーという形でもらうビジネスモデルを思いついた。

これこそ15年後に孫がADSLでNTTに挑戦する際に仕掛けた奇策、パラソル部隊の原型だった。その話は少し後になる。

「俺たちの発明で日本の電話を変えてやる」。そう意気込んだ孫と大久保は京都に向かった。

目指したのはベンチャーの雄、京セラの本社。第二電電の生みの親だ。当時はまだ京都から東山三十六峰を挟んだ山科という町にあった。1986年12月24日、クリスマス・イブのことだった。

屈辱

大会議室に通された孫と大久保は、言いようのないプレッシャーを感じていた。大きなテーブルの奥に陣取ったのは京セラ創業者の稲盛和夫。その稲盛とともに第二電電を立ち上げた千本倖生もいる。20人ほどの役員陣が孫と大久保を取り囲むように席についた。

もっとも、それでひるむ孫ではない。俺たちが作ったNCC・BOXを見てくれと言わんばかりにプレゼンを始めた。

まさに開口一番だった。

「それ、ナンボや？ 50万個ウチで買うたる」

稲盛は孫のプレゼンが終わるなり言い放った。

（50万個だって！）

カリスマ経営者の即断即決に、さすがの孫と大久保も度肝を抜かれた。

無料で配るつもりだったNCC・BOXだが、売るとなると一台数万円は取れるだろう。それを50万個も一気に買ってくれるのなら……。割り引くとしても50億円か、いやいや、70億円、80億円はいけるかも。2人は頭の中でソロバンを弾いた。どう考えても30億円の製造費用を差し引いてもなお莫大な利益が残る。

そんな2人の皮算用をあざ笑うかのように稲盛はこう続けた。

「ただし、他には売らずにウチにだけ売るように」

「独占供給しろということですか？」

「そういうこっちゃ」

孫と大久保は面食らった。ここで稲盛の提案に乗れば最初の商談でいきなり何十億円もの利益が出る。

でも……。

それではいったい自分たちはなんのためにあれだけ夢を語り合ってこの機械を作ったのだ。2人で発明したちっぽけな機械でNTTの独占に挑む――。今ここで首を縦に振れば、第二電電1社だけを利することになる。それで志を果たしたと言えるだろうか。

目の前の儲け話か2人で語り合った志か——。

「売れません」

2人は呼吸を合わせたかのように言った。

「なんでや？」

稲盛にとっては意外な返事だった。そこから孫と大久保は2人で考えたビジネスモデルをもう一度、稲盛に説明した。

「僕たちはこれを売りたいわけではありません。第二電電の回線が消費者に選ばれた分だけ、ロイヤルティーを払って欲しいのです」

それは通信会社に公平な競争をもたらすことになり、NTTに支配されたこの国の電話に価格破壊を起こすきっかけになるはずだ。その利益を得るのは第二電電だけでなく国民だ。

孫と大久保は何度も稲盛に訴えかけたが、稲盛にも第二電電でNTTに立ち向かう戦略がある。

話は完全に平行線をたどった。食事もとらずに延々と続いた議論は夜になってもまとまる気配がなかった。京セラ側の役員にもトップが英断したことを曲げさせまいとする配慮がにじみ出ていた。

多勢に無勢。

相手は代わる代わる孫と大久保を説得しようと挑んでくる。緊張と空腹のまま夜遅くになり、2人はついに折れてしまった。第二電電にだけNCC・BOXを供給することを定めた契約書にサインした。

「疲れてしまったんです。戦意喪失でした。あの人数と時間の中でそっちに行ってしまった」

大久保はこう振り返る。2人は何十億円もの利益を一晩で手にした。だが高揚感はなかった。それどころか打ちのめされて志を曲げてしまったという屈辱だけが胸に残った。

その日はもう東京に向かう新幹線はない。京都のビジネスホテルに向かう孫は道中、ポツリと大久保にこぼした。

「みじめだね、大久保さん……」

大久保には返す言葉がない。

ホテルの部屋に着くと孫は大久保につぶやいた。

「やっぱりおかしいよ」

「そうだね。孫さん、明日もう一度行こうよ」

「うん。契約書を返してもらおう」

それがビジネスのルールに反する行為だということは重々承知だった。だが若い2人には疲労と重圧の中でむりやり押しつぶされたという思いがあった。

こんな時、大久保の脳裏には母の言葉が響く。

「あなたは大きくなったら人のために生きなきゃダメなんだよ」

そうだ、今やらないと絶対に後悔する。大久保はもう一度、稲盛と対峙する決意を固めた。

稲盛和夫の怒り

孫と大久保は翌朝早くから再び山科の京セラ本社を訪れた。今回はアポなしだ。車に乗って出社してくる稲盛を直撃した。

「なんやお前ら！」

応接室に通された2人は稲盛に直談判した。

「昨日の契約ですが、やっぱりおかしいと思います。破棄してもらえないでしょうか。契約書を返してもらえないでしょうか」

これに稲盛は激昂した。

「何を言うとるんや！　いっぺん決めたことやろうが！　契約書をなんやと思うとるんや！」

稲盛が言うことは至極当然だ。稲盛になんの非もないことは認めざるを得ない。だが2人はもう退けなかった。

稲盛はなおも親が子をしかりつけるような勢いで2人を罵倒した。1時間近くにも及んだが、今度は稲盛が折れた。「もうええわ」とばかりに2人に契約書を返したのだった。

東京へと向かう新幹線の中で、いつもは多弁な孫も大久保も黙りこくっていた。契約書は手元に返ってきたが打ちのめされたという思いはなおも深まるばかりだった。

東海道を走る新幹線の中で孫がひと言だけ大久保に言った。

「なあ、大久保さん。今ならやめてもいいよ」

大久保は思わず孫の目を見つめた。孫は視線を逸らしてうつむいている。あれだけ強気な孫が憔悴しきっていることがひと目で分かった。大久保が長い付き合いの中で見た最初で最後の弱気な孫正義が、そこにいた。

「何言ってるんだ孫さん。俺はやめないよ」

「うん」

それ以上、言葉が続かなかった。屈辱と疲労に押しつぶされそうな2人の耳に、レールから響く音だけが聞こえていた。

孫と大久保はこの後、他の新電電にＮＣＣ・ＢＯＸを売り込み、深夜のファミレスで何度も話し合った通りにロイヤルティー契約に成功する。西武百貨店などの協力も得てＮＣＣ・ＢＯＸを無料で配るという奇策も実現させた。

初年度だけで30億円超の製造費を回収して十分な利益も得た。

それでも――。

一度は魂を売ってしまったあのクリスマス・イブの屈辱は頭から離れない。それに新電電の雄である第二電電を説得できなかったのだから、ＮＴＴの巨大独占を崩したとは、とても言えない。

では、どうしたらこの国の電気通信を変えることができるのだろうか。孫は大久保に語った。

「いつか必ず俺は胴元になってみせるから」

15年前に盟友に誓った言葉を、実現させる時が来た。ブロードバンドでNTTに挑戦状をたたきつける。孫正義43歳の春である。

本書は、２０１７年６月に日本経済新聞出版社から発行した『孫正義３００年王国への野望』を文庫化にあたって上下巻に分け、加筆・修正したものです。

日経ビジネス人文庫

孫正義《そんまさよし》 300年王国《ねんおうこく》への野望《やぼう》 上《じょう》

2024年10月25日 第1刷発行

著者
杉本貴司
すぎもと・たかし

発行者
中川ヒロミ

発行
株式会社日経BP
日本経済新聞出版

発売
株式会社日経BPマーケティング
〒105-8308 東京都港区虎ノ門4-3-12

ブックデザイン
鈴木成一デザイン室＋ニマユマ

本文DTP
マーリンクレイン

印刷・製本
中央精版印刷

Printed in Japan ISBN978-4-296-12142-7